우리,
아파트
딱 100채만
보러 가보자

우리, 아파트

아이리 지음

딱 100채만
보러 가보자

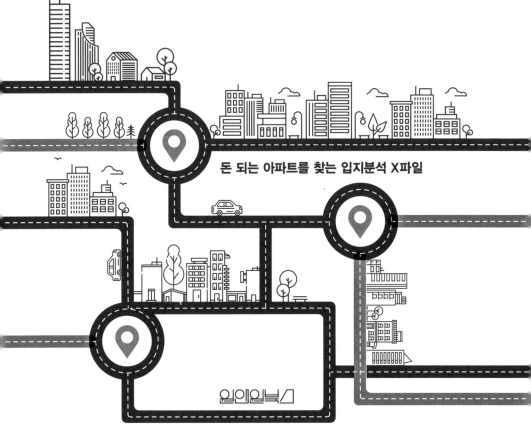

돈 되는 아파트를 찾는 입지분석 X파일

일에일북

사야 할 아파트는 따로 있다

"그래도 아파트를 사라고 하셨는데, 그럼 어떤 아파트를 사야 할까요?"

전작 『그래도 아파트를 사세요』를 출간하고 이와 비슷한 질문을 많이 받았습니다. 아파트에 투자해야 하는 '이유'에 대해서는 이해를 했는데, '어떤' 아파트가 좋은 아파트인지 분별하기 어렵다며 도움을 요청하는 사례가 많았는데요.

아파트 투자에 있어서 가장 중요한 것은 입지를 판단하는 것입니다. 좋은 입지의 아파트는 그만큼 상품 가치가 높습니다. 더 높은 금액을 지불하더라도 사고 싶은 사람이 많다는 뜻이지요. 즉 부동산 투자에서 입지란 자산을 키울 수 있는 핵심 요소에 해당합니다.

그럼 '좋은 입지'란 무엇일까요? 단순히 학군이 좋은 동네의 아파트를 사면 될까요? 지하철 역세권 아파트가 최고일까요? 일자리가 많은 지역의 아파트를 사면 충분할까요? 아파트 입지는 학군, 역세권, 직주근접 등 몇 가지 요소만으로 정의되기에 충분하지 않습니다. 개인의 성향과 상황에 따라 특정 요소에 대한 가중치가 달라지기 때문입니다.

예를 들어 아이가 있는 가정은 부모님 댁이나 초등학교가 가까운 곳을 최고의 입지로 꼽을 것이고, 젊은 부부라면 아파트 주변 문화시설에 관심을 보일 것이며, 투자자라면 재건축 사업성이 높은 아파트를 매력적으로 볼 것입니다. 그래서 입지의 좋고 나쁨을 일반화하기란 어렵습니다.

아파트 입지는 여러 요소들이 복합적으로 작용해 결정될 뿐만 아니라 투자 주체인 나 자신과의 연관성도 중요합니다. 필자 역시 입지에 대한 명확한 기준이 없던 투자 초기에는 만족스러운 성과를 거두지 못했습니다. 하지만 수차례 성공적인 투자 경험을 통해 경제적 자유라는 꿈은 결국 훌륭한 입지에 달려 있다는 것을 경험했습니다.

이 책을 읽은 독자들이 반드시 오를 아파트를 선점하길 바라며, 지난 15년간 아파트 투자를 하며 쌓은 입지분석 노하우와 수백 번의 임장을 통해 얻은 경험을 정리했습니다.

이 책을 통해 아파트 투자의 기본인 입지에 대한 감각을 익힐

우리, 아파트 딱 100채만 보러 가보자

수 있을 것입니다. 또 조급하게만 여겨졌던 투자 방향에 대한 고민이 해결될 것입니다. 살까 말까 고민에 빠진 바로 그 아파트의 투자 가치를 객관적으로 판단하는 데 큰 도움이 될 것입니다.

　사야 할 아파트는 따로 있습니다. 이 책을 통해 아파트 입지에 대한 통찰력을 발견해 경제적 자유로 향하는 기회를 잡을 수 있기를 진심으로 바랍니다.

아이리

차례

돈 되는 아파트,
어떻게 찾아야 할까?

2장

내부 요인:
시세를 결정 짓는 특성들

3장

외부 요인:
황금입지가 시세를 만든다

4장 **아파트 투자
인사이트**

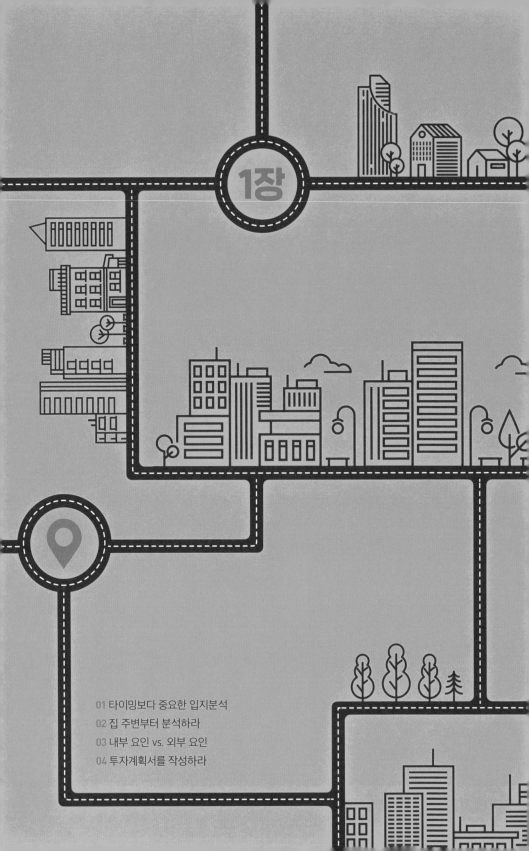

1장

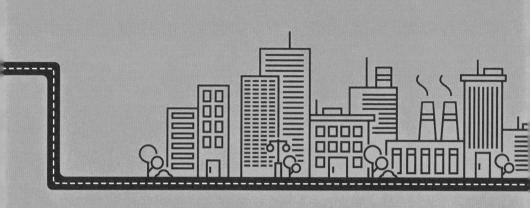

돈 되는 아파트,
어떻게 찾아야 할까?

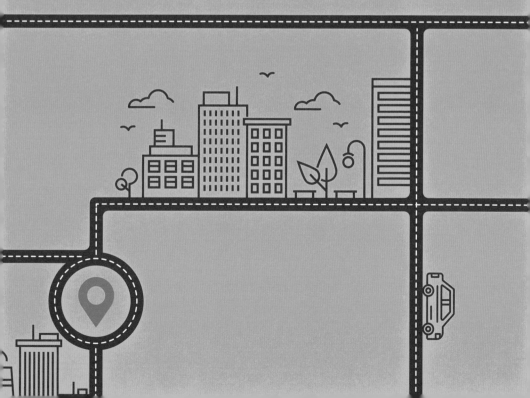

타이밍보다 중요한
입지분석

아파트 입지분석을 위해서는 해당 아파트가 갖고 있는 고유한 특성은
물론, 아파트를 둘러싼 외부 환경의 영향도 고려해야 한다.

아파트를 살 때 가장 중요하게 고려하는 부분은 무엇일까? 아
마도 '지금 이 집을 사는 타이밍이 맞는가?' 하는 의문일 것이다.
주변에서 앞으로 인구가 줄어들 것이다, 미국이 금리를 올릴 것이
다, 이미 오를 대로 올랐다, 수백만 호의 공급이 대기 중이니 조만
간 하락할 것이라며 겁을 주기 때문이다. 실제로 소위 '폭락론자'
라 불리는 이들은 이제 부동산으로 돈 버는 시대는 끝났다며 시장
의 '우하향'을 점치기도 한다.

그러나 주변에서 무슨 이야기를 하든 중요하지 않다. 결국 투

자 판단을 내리고 최종적으로 결정하는 것은 다른 누구도 아닌 '나' 자신이기 때문이다. 그런데 왜 이렇게 겁이 나고 망설여지는 걸까? 미래의 아파트 가치에 대한 확신이 없기 때문이다. 그럼 왜 확신이 없을까? 내가 투자하고자 하는 아파트가 투자 가치가 높은지, 저평가 상태인지, 실수요자가 욕심낼 만한 가치가 내재되어 있는지 모르기 때문이다. 그렇기에 투자 확신을 얻기 위해서라도 입지를 철저하게 분석해 아파트의 투자 가치를 점검해야 한다.

입지분석이
중요한 이유

입지분석은 아파트의 투자 가치를 확인하고 검증하는 중요한 과정이다. 흔히 '아파트 입지'라고 하면 학군, 역세권, 직주근접만을 중요시하는 경우가 많다. 실제로 관련 자료를 찾아보면 대부분이 세 가지를 근거로 입지의 좋고 나쁨을 따지곤 한다. 하지만 입지분석은 그렇게 단순하지 않다.

예를 들어 입지분석 전문가들 대부분은 소규모 단지는 되도록 피하라고 조언한다. 하지만 소규모 단지라고 해서 꼭 투자 가치가 떨어지는 것은 아니다. 소단지라 하더라도 대단지 옆에 있다면 상

소단지 vs. 대단지

구분	금호브라운스톤1차 전용면적 84m²	래미안옥수리버젠 전용면적 84m²
세대수	217세대	1,511세대
2018년 7월	8억 원	12억 8,500만 원
2021년 7월	14억 500만 원	18억 2,500만 원
상승폭	6억 500만 원	5억 4천만 원

자료: KB부동산

황이 달라진다.

성동구에 위치한 2007년에 준공된 217세대 금호브라운스톤 1차를 살펴보자. KB부동산 기준으로 이곳의 전용면적 84m² 물건의 시세는 2018년 7월 8억 원에서 2021년 7월 14억 500만 원으로 6억 500만 원이 올랐다. 이 아파트의 특징은 2012년에 입주를 시작한 1,511세대 규모의 래미안옥수리버젠 바로 옆에 위치해 있다는 것이다.

KB부동산 기준으로 래미안옥수리버젠 전용면적 84m² 물건의 시세는 2018년 7월부터 2021년 7월까지 5억 4천만 원 상승했다. 상대적으로 소규모 단지인 금호브라운스톤1차가 대단지인 래미안옥수리버젠보다 1.8배 높은 75.6%의 상승률을 기록한 것이다. 소규모 단지라고 해서 꼭 투자 가치가 나쁘다고 볼 수만은 없는 이유다.

중대형 평수 vs. 중소형 평수

아파트명	전용면적	2020년 실거래가	2021년 실거래가	비고
리센츠	124m^2	21억 8천만 원 (4월)	30억 5천만 원 (4월)	+8억 7천만 원
	59m^2	18억 원 (6월)	19억 원 (7월)	+1억 원

자료: 국토교통부 실거래가 공개시스템

또 혹자는 안전한 투자를 위해 재산세, 종부세 등 세금은 물론 관리비까지 부담해야 하는 중대형 평수는 피하고 중소형 평수에 관심을 가지라고 한다. 과연 그럴까?

송파구 잠실동에 위치한 리센츠는 5,563세대의 대단지 아파트다. 이 아파트의 전용면적 124m^2 물건의 경우 2021년 4월 30억 5천만 원에 거래되었는데, 이는 불과 약 1년 사이 8억 7천만 원 상승한 것이다. 반면 같은 시기에 전용면적 59m^2 물건의 가격은 18억 원에서 19억 원으로 1억 원 상승하는 데 그쳤다. 중대형 평수인 전용면적 124m^2 물건이 중소형 평수인 전용면적 59m^2 물건의 상승폭을 앞지른 것이다.

이와 같이 아파트의 투자 가치는 한두 가지 근거로 판단하고 검증하기 어려운 영역이다. 정확한 입지분석을 위해서는 해당 아파트가 갖고 있는 고유한 특성은 물론, 아파트를 둘러싼 외부 환경의 영향도 고려해야 한다. 아파트 시세는 이러한 다각도의 요소들이 복합적으로 반영되면서 서로 다르게 나타나기 때문이다.

집 주변부터 분석하라

그럼 아파트 입지에 대한 공부는 어디에서부터 어떻게 시작해야 할까?
바로 지금 살고 있는 집 주변부터 시작하면 된다.

"어때요, 집 보니깐 좋죠? 이제 집주인한테 계좌 받을까요?"

"여기가 처음 본 집이라서요. 다른 아파트랑 비교를 좀 해야 할 것 같은데요."

"요즘 매수 문의가 많아서 일단 가계약금을 걸고 물건부터 잡아야 해요."

"요즘 분위기가 그런가요? 그래도 지금 바로 결정하기가 좀 그런데요."

"안 그러면 이 집도 금방 나가요. 사실 이따 오후에 다른 팀도 보러 온다고 했거든요."

부동산 투자를 할 때는 언제나 마음이 급해진다. 보는 아파트마다 다 좋아 보이고, 다 사고 싶고, 당장 사지 않으면 손해를 볼 것만 같다. 당장 계약금을 보내지 않으면 다음 사람에게 기회를 빼앗길 것 같아 초조해진다. 특히 집을 사려는 사람이 팔려는 사람보다 많은 집값 상승기에 이런 현상이 두드러진다. 이런 시장을 흔히 '매도인 우세장'이라고 한다.

하지만 매도인 우세장이라고 해서 초조한 마음에 함부로 움직여서는 안 된다. 모든 공부에는 순서가 있듯이 아파트 입지분석도 차근차근 순서대로 해야 한다. 그래야 실수를 하지 않는다. 부동산 투자에서 실수는 곧 손해로 직결된다. 경우에 따라 다시 회복하기까지 상당히 긴 시간이 걸리기도 하므로 신중해야 한다.

첫걸음은
집 주변부터

그럼 아파트 입지에 대한 공부는 어디에서부터 어떻게 시작해야 할까? 바로 지금 살고 있는 집 주변부터 시작하면 된다. 내가 아침저녁으로 매일 다니고 보는 동네의 입지를 분석하면서 감을 잡는 것이다. 매일 다니는 길이니 많은 시간을 낼 필요도 없고, 멀리 이동할 필요도 없다. 잠시 지금 살고 있는 동네를 떠올려보면서 다음의 질문의 답을 생각해보자.

1. 우리 동네의 대장 아파트는 어디인가?

2. 그 아파트의 전체 세대수와 평형대 구성은 어떻게 되는가?

3. 최근 거래된 매매 및 전세 실거래가는 얼마인가?

4. 아파트 주변의 교통은 어떤 편인가?

5. 우리 동네에는 어떤 개발 호재가 있는가?

6. 아파트와 가장 가까운 초등학교는 도보로 몇 분 거리에 있는가?

7. 아파트에서 배정받는 고등학교의 대입 결과를 알고 있는가?

대답이 바로 떠오르지 않는다면 지금 당장 집 주변부터 임장을 시작해야 한다. 그런데 막상 임장을 다니다 보면 이런 의문이 생긴다. 아파트 입지란 무엇이고, 어떤 기준으로 분석을 해야 할까? 다른 사람의 기준이 과연 나에게도 유용할까? 이러한 의문은 뒤에서 살펴볼 입지를 결정 짓는 내부 요인과 외부 요인을 통해 해결될 것이다.

내부 요인 vs.
외부 요인

이제 본격적으로 아파트 입지분석에 필요한 요인과 팁을 살펴보며 현명한 투자를 위한 선구안을 키워보자.

과거 입지 기준이 없던 시절, 개발 호재에 혹해 성급하게 경기도의 한 아파트를 매수한 경험이 있다. 당시 뉴스에서는 연일 상암동 개발 소식이 쏟아져 나왔는데, 해당 물건은 상암에서 불과 5km밖에 떨어지지 않은 곳에 있었고 차로는 10분이면 닿을 수 있는 거리였다. 계획대로 상암에 무려 100층이 넘는 초고층 랜드마크 건물이 세워지면 상암동 방송국으로 출근하는 직원이 늘어날 것이고, 주변 지역 소형 아파트에 대한 수요도 크게 증가할 것이라 생각했다. 하지만 입지 요인을 제대로 고려하지 못한 성급한 투자였고, 결과 역시 만족스럽지 못했다.

투자에 실패한 이유는 간단했다. 단순히 '직주근접' 하나의 요소만을 고려해 투자했기 때문이다. 아파트 입지는 교통, 학군, 역세권 등 몇 가지 요소로만 정의 내릴 수 없다. 또 한두 가지 기준이 뛰어나다고 해서 모든 사람에게 좋은 물건일 수 없다. 내가 최우선으로 꼽는 입지 요소가 다른 누군가에게는 전혀 중요하지 않을 수 있기 때문이다.

아홉 가지 내부 요인과
여덟 가지 외부 요인

그럼 최고의 아파트 입지를 판단하기 위해서는 어떤 부분을 검토해야 할까? 이 책에서는 아파트가 지닌 내부 특성과 아파트를 둘러싼 외부 환경, 그리고 입지에 대한 시야를 넓혀줄 몇 가지 팁을 함께 살펴볼 것이다.

우선 해당 아파트만이 가지고 있는 고유한 내부 특성을 꼼꼼하게 살펴봐야 한다. 반드시 점검해야 할 내부 요인을 간단히 정리하면 다음과 같다.

1. 경사

2. 층, 향, 뷰, 타입

3. 세대수

4. 단지 고급화 여부

5. 단지 평형대 구성

6. 평수

7. 소규모 아파트라면 밀집되어 있는지 여부

8. 소단지라면 대단지 옆에 있는지 여부

9. 연식

아파트가 아이들이 뛰어놀기에 좋은 평지에 자리 잡고 있는지, 커뮤니티 시설이 잘 갖춰진 고급 단지의 장점을 지니고 있는지, 고층인지 저층인지 등 아홉 가지 내부 요인을 분석해 투자 대상 아파트의 가치를 가늠할 수 있다.

한편 여덟 가지 외부 요인을 정리하면 다음과 같다.

1. 역과의 거리

2. 주거 지역 주변 인프라

3. 직주근접

4. 중소기업 밀집 지역과의 거리

5. 초등학교와의 거리

6. 학원 밀집 지역과의 거리

7. 인근 신축 공급 여부

8. 강남 접근성

지하철 역세권의 장점을 가지고 있는지, 초등학교까지 안전하고 신속한 통학이 가능한지, 강남까지의 접근성이 개선될 여지가 있는지 등 여덟 가지 외부 특성도 검토해야 한다.

이러한 내부 요인과 외부 요인을 모두 종합해 점수화한다면 더욱 정교한 가치 판단이 가능해진다.

마지막으로 더 넓은 시야로 아파트 입지를 바라볼 수 있는 일곱 가지 투자 인사이트까지 숙지한다면 기본은 갖춘 셈이다. 이제 본격적으로 아파트 입지분석에 필요한 각각의 요인과 팁을 살펴봄으로써 현명한 투자를 위한 선구안을 키워보자.

투자계획서를 작성하라

투자계획서는 아파트에 대한 기본 조사, 입지분석, 자금 계획, 시세 예측 등을 모두 아우른다.

　　필자가 회사를 다니고 있을 때였다. 영업팀에서 근무하던 한 직원이 수도권에 땅을 샀다고 했다. 개발제한구역으로 묶여 있지만 곧 개발이 될 것이라는 홍보 전화를 받고 투자를 결정했다는 것이었다. 3천만 원을 투자했는데 당연히 결과는 좋지 않았다. 소위 '기획부동산'에 속아 투자한 사례다. 애써 없어도 되는 돈이라며 '오랜 시간 묻어두면 나중에 큰돈이 되지 않을까?'라고 생각했다고 했다.

　　이처럼 투자에 대한 명확한 기준과 이유 없이 너무 쉽게 투자를 결정하는 경우가 많다. 필자 역시 부동산에 대해 잘 모르던 시절에는 그랬다. 준비된 예산에 맞춰서 투자할 수 있는 아파트를 찾았고, 가격이 싼 것 같아 덥석 사기도 했다. 다행히 뒤늦게나마 아파트 투자도 비즈니스라는 것을 깨달았다. 사업 규모가 크든 작든 계획 없이 시작하는 사람은 없을 것이다. 아파트 투자도 그렇다. 그래서 필요한 게 바로 투자계획서다.

입지 요인에 점수를 매겨 투자계획서를 작성하자

투자계획서는 아파트에 대한 기본 조사, 입지분석, 자금 계획, 시세 예측 등을 모두 아우른다.

1. 기본 조사

기본 조사 항목에는 시세, 실거래가, 연식, 세대수, 주차대수, 용적률, 건폐율, 대지지분, 토지, 토지 공시지가, 공동주택 공시가격이 들어간다. 참고로 건축물대장과 토지대장은 정부24 사이트(www.gov.kr)에서 무료로 확인할 수 있다.

건축물대장을 통해 전유 부분의 면적, 공동주택 공시가격은 물

▶ 정부24 사이트 화면. 하단 메뉴를 통해 건축물대장과 토지대장을 열람할 수 있다.

론 소유자 현황까지도 확인할 수 있다. 토지대장(대지권등록부)을 선택하면 토지에 대한 공시지가 및 대지지분을 볼 수 있어 아파트가 세워진 토지의 가치까지 확인할 수 있다. 매년 상승하는 아파트 공시가격을 확인함으로써 7월, 9월에 부과되는 재산세와 11월에 부과되는 종합부동산세와 관련해 사전에 절세 전략을 짜기도 용이하다.

2. 입지분석

두 번째로 아파트 입지에 대한 분석이다. 아파트 입지를 분석하는 것은 그 아파트를 매수하는 이유를 객관적으로 판단하는 단계에 해당한다. 앞으로 후술할 아파트 입지를 판단하는 데 도움이 되는 기준을 바탕으로 점수를 매겨 정리하면 된다. 하지만 안타깝게도 모든 조건을 만족하는 아파트를 소유할 수는 없다.

직장까지의 거리를 고려해서 평지 아파트를 포기해야 할 수도 있고, 학군 문제로 신축 아파트에서의 쾌적한 삶을 포기해야 할지도 모른다. 개개인의 상황과 예산, 그리고 가치관에 따라서 적절한 타협점을 찾아야 한다. 이 문제는 개인마다 상황이 다르기에 누군가가 대신 결정할 수 없는 부분이다. 개인적으로 중요하게 여기는 입지 요인을 선별한 다음, 중요한 순서대로 가중치를 부여해 수치화해보는 것이 도움이 된다.

우선 입지의 '내부 요인' 항목에서 가장 중요하게 생각하는 4~5개를 선택하고, 마찬가지로 '외부 요인' 항목에서 4~5개를, 그리고 '투자 인사이트' 항목에서 1~2개를 선택해 총 10개의 입지분석 목록을 만든다. 이후 각각의 항목마다 1부터 10까지 가중치를 부여하는 방식이다.

각각의 입지 항목을 바탕으로 비교하고자 하는 아파트에 대한 주관적인 평가를 내린 다음, 마지막으로 평가 점수를 가중치와 곱한 뒤 합산해 총점을 구한다. 이 과정에서 타인의 의견은 참고하되 최종 결정과 책임은 스스로 져야한다는 걸 기억하자.

투자계획서 입지분석 예시

입지분석 요소	가중치	A아파트	B아파트
경사지보다 평지가 좋다.	10	8	2
세대수가 많다.	8	10	5
단지의 평형대 구성이 다양하다.	6	9	9
지하철과 가깝다.	10	6	10
중소기업 밀집 지역과 가깝다.	7	8	8
초등학교가 도보 5분 이내 거리에 있다.	5	7	7
강남 접근성이 좋다.	9	10	6
인근에 신축이 지속적으로 공급된다.	7	3	9
지역 내 2등 아파트도 괜찮다.	8	7	7
개발 규모는 클수록 좋다.	10	10	5
총점		632	528

*총점은 각 항목의 점수와 가중치를 곱한 값을 합산한 결과

3. 자금 계획

투자계획서의 세 번째 요소는 구체적인 자금 계획을 세우는 것이다. 안정적으로 투자를 지속하기 위해서 반드시 고려해야 하는 단계다. 투자금 마련 계획과 함께 대출 규제와 금리 인상, 그리고 아파트 취득과 소유에 따른 각종 세금에 대한 부분도 대비해야 한다. 총 투자금을 계산할 때는 소유권이전등기에 필요한 각종 세금과 중개수수료, 인테리어 비용, 이사와 입주 청소 비용 등 세세

한 부분까지 포함시켜야 한다. 그리고 은행에서 대출을 받을 예정이라면 매달 입금해야 하는 원리금은 얼마이고, 이 중에서 원금과 이자는 얼마인지, 실제로 대출 상환까지는 얼마나 걸릴 것인지 알고 있어야 한다. 또한 매년 중도상환수수료 없이 얼마까지 추가로 원금을 상환할 수 있는지도 확인해 상여금 등 목돈이 생겼을 때 틈틈이 상환해야 한다. 마지막으로 실거주가 아닌 투자 목적이라면 초기에 투입된 투자금을 몇 년 안에 회수할 수 있는지도 계산해둬야 한다.

4. 시세 예측

투자계획서의 마지막 부분은 합리적인 수준에서 시세 예측을 해보는 것이다. 사실 당장 내일 날씨도 어떨지 예상하기 어려운데, 수년 후 아파트의 가치는 그 누구도 시원하게 말해줄 수 없는 부분이다. 하지만 각종 통계와 데이터를 바탕으로 미래의 가치를 어느 정도 짐작해볼 수는 있다.

이를 위해서는 물가상승률과 서울 아파트 평균 분양가 상승률을 참고하는 것이 좋다. 여기에 투자를 결심하게 된 결정적인 요인에 대한 인센티브까지 더하면 대략적인 상승률이 나온다. 물론 이러한 시세 예측은 충분히 틀릴 가능성이 높으며 전혀 예상 밖의 결과가 나올 수도 있다. 글로벌 규모의 경제 불황으로 하루 만

우리, 아파트 딱 100채만 보러 가보자

에 시장이 얼어붙을 수도 있고, 부동산 규제로 거래 절벽 현상이 나타날 수도 있기 때문이다. 하지만 무섭게 팽창하고 있는 막대한 통화량과 전 세계적인 저금리 기조는 앞으로도 실물자산의 가치를 크게 올릴 여지가 충분해 보인다. '인플레이션 헤지(인플레이션에 의한 화폐 가치 하락으로 발생하는 손실을 막기 위해 화폐를 일정 가치를 갖는 상품으로 바꿔서 보유하는 일)'를 위한 최고의 방법은 가치가 큰 실물자산에 투자하는 것임을 잊지 말자.

1장 핵심요약

- 내가 투자하고자 하는 아파트가 투자 가치가 높은지, 저평가 상태인지, 실수요자가 욕심낼 만한 가치가 내재되어 있는지 모르면 투자 판단을 내리기 어렵다. 그렇기에 투자 확신을 얻기 위해서라도 입지를 철저하게 분석해 아파트의 투자 가치를 점검해야 한다.

- 아파트 입지에 대한 공부는 지금 살고 있는 집 주변부터 시작하면 된다.

- 반드시 점검해야 할 내부 요인으로는 '경사' '층, 향, 뷰, 타입' '세대수' '단지 고급화 여부' '단지 평형대 구성' '평수' '소규모 아파트라면 밀집되어 있는지 여부' '소단지라면 대단지 옆에 있는지 여부' '연식' 아홉 가지가 있다.

우리, 아파트 딱 100채만 보러 가보자

- 반드시 점검해야 할 외부 요인으로는 '역과의 거리' '주거 지역 주변 인프라' '직주근접' '중소기업 밀집 지역과의 거리' '초등학교와의 거리' '학원 밀집 지역과의 거리' '인근 신축 공급 여부' '강남 접근성' 여덟 가지가 있다.
- 사업 규모가 크든 작든 계획 없이 시작하는 사람은 없을 것이다. 아파트 투자도 그렇다. 그래서 필요한 게 바로 투자계획서다.

2장

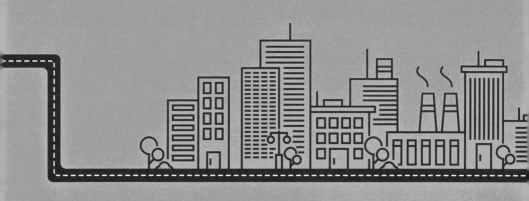

내부 요인:
시세를 결정 짓는 특성들

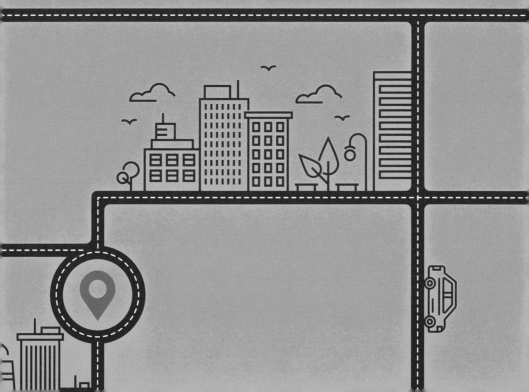

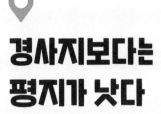

경사지보다는 평지가 낫다

경사지에 위치한 아파트의 경우 차량이나 지하철로의 접근성이 평지에 지어진 아파트보다 다소 떨어지기 때문에 자연스럽게 시세 차이가 발생한다.

필자가 처음으로 마련한 신혼집은 마포구 염리동에 위치한 방 2개짜리 빌라였다. 5호선 공덕역에서 마포현대 아파트가 보일 때까지 구불구불한 언덕길을 따라 올라간 다음, 잠시 숨을 고른 후 다시 가파른 길을 한참 더 올라가야 만날 수 있는 집이었다. 날씨가 좋은 계절에는 그래도 운동이라고 생각하면서 다녔기 때문에 괜찮았다. 하지만 폭염이 계속되는 여름이나 쌓인 눈이 빙판으로 변하는 겨울에는 언덕을 오르내리기가 쉽지 않았다. 서울역에 있는 대형마트에서 물건을 잔뜩 사 오는 날에는 정말 택시 생각이

간절했다. 그때부터 만약 나중에 내 집이 생긴다면 첫 번째 기준은 '평지'여야 한다는 조건을 세웠다.

경사지보다
평지가 좋은 이유

서울의 전체 면적은 약 605km²이고 이 중 산이 차지하는 비중은 60% 이상이다. 실제로 서울에는 북한산, 관악산, 아차산, 남산 등 크고 작은 산과 구릉이 있다. 경사지 또는 구릉지에 지어진 아파트가 많은 이유가 바로 이 때문이다. 특히 은평구, 서대문구, 마포구, 중구, 성북구, 성동구, 관악구, 동작구 등의 지역에서 경사지에 지어진 아파트를 쉽게 볼 수 있다.

서울 마포구 공덕동, 신공덕동, 염리동 일대에도 경사지에 세워진 아파트가 많다. 대표적으로 마포현대, 공덕현대, 공덕래미안4차, 공덕래미안5차, 마포자이3차, 신공덕삼성래미안3차, 브라운스톤공덕, 염리삼성래미안 등이 있다. 경사지에 위치한 아파트의 경우 차량이나 지하철로의 접근성이 평지에 지어진 아파트보다 다소 떨어지기 때문에 자연스럽게 시세 차이가 발생한다.

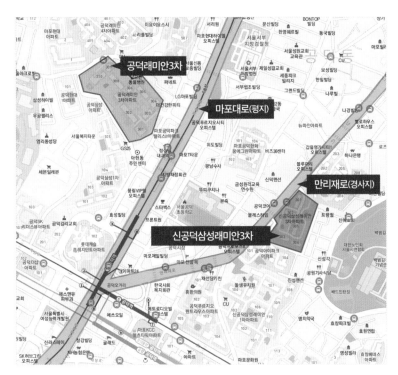

▶ 공덕래미안3차, 신공덕삼성래미안3차 위치

공덕래미안3차, 신공덕삼성래미안3차 가격 비교

아파트명	준공	입지 특징	매매 실거래가
공덕래미안3차	2004년 8월	마포대로 평지에 위치	16억 원 (2021년 3월)
신공덕삼성래미안3차	2003년 5월	만리재로 경사지에 위치	13억 8천만 원 (2021년 1월)

자료: 국토교통부 실거래가 공개시스템

예를 들어 만리재로 언덕에는 2003년에 준공된 신공덕삼성래미안3차가 있다. 지하철 6호선 공덕역에서 아파트 단지 입구까지 약 500m 거리밖에 되지 않는다. 이 부분만 보면 굉장히 좋은 입지로 보인다. 하지만 평지가 아니라 언덕에 위치해 있기 때문에 상대적으로 도보 접근성이 약한 편이다. 이 아파트의 전용면적 84m² 물건의 2021년 상반기 최고 실거래가는 1월에 기록된 13억 8천만 원이다.

반면 공덕래미안3차 아파트는 2004년에 마포대로를 따라서 평지에 세워졌다. 상대적으로 지하철을 걸어서 이용하기에 쉽고, 마포대로를 통한 서울 도심이나 여의도 방향으로의 이동도 용이하다. 이 아파트의 전용면적 84m² 물건의 2021년 상반기 최고 실거래가는 3월에 기록된 16억 원이다. 두 아파트의 입주 시기가 비슷하고 평형이 같음에도 평지에 조성된 아파트가 2억 원 이상 높게 형성되어 있는 것을 알 수 있다.

관악구 아파트도 살펴보자. 벽산블루밍1차는 2005년에 준공된 2,105세대 대단지 아파트다. 아파트 단지 전체가 경사지에 위치해 있으며 단지 정문에서 멀어질수록 경사가 심해진다. 단지를 가로지를 수 있는 계단이 있지만 평지와 비교하면 부담이 되는 것이 사실이다. 이 아파트의 전용면적 84m² 물건은 2021년 8월에 10억 3천만 원에 거래되었다.

우리, 아파트 딱 100채만 보러 가보자

벽산블루밍1차, 봉천두산 가격 비교

아파트명	준공	입지 특징	매매 실거래가
벽산블루밍1차	2005년 7월	경사지에 위치	10억 3천만 원 (2021년 8월)
봉천두산	2000년 12월	평지에 가까운 완만한 지대에 위치	12억 원 (2021년 8월)

자료: 국토교통부 실거래가 공개시스템

한편 벽산블루밍1차 남쪽으로는 봉천두산이 있다. 역시 2,001세대의 대단지 아파트로 벽산블루밍1차보다 5년 더 빠른 2000년에 준공되었다. 아파트 단지는 평지에 가까운 비교적 완만한 구릉지에 위치해 있다. 아파트 입구에서 평지로 이어진 길을 따라 5분 정도 걸어가면 2호선 봉천역을 쉽게 이용할 수 있는 장점도 있다. 이 아파트의 전용면적 84m² 물건은 2021년 8월에 12억 원에 거래되었다. 벽산블루밍1차 아파트에 비해 연식이 5년 더 오래된 구축임에도 1억 7천만 원가량 시세가 더 높게 형성된 것이다.

같은 단지 내에서도 해당 동이 평지에 있는지, 경사지에 있는지에 따라 시세가 달라지기도 한다. 마포구 아현동에 위치한 3,885세대 대단지 마포래미안푸르지오의 경우 2호선 아현역을 도보로 편하게 이용 가능한 1~2단지는 완만한 반면, 3~4단지는 상대적으로 가파른 경사지에 위치해 있다.

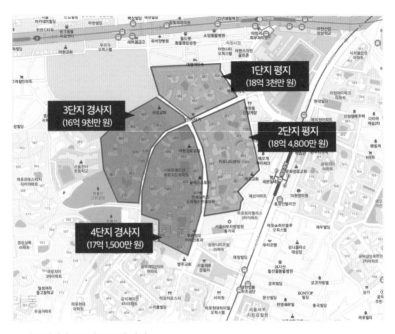

▶ 마포래미안푸르지오 동별 위치

마포래미안푸르지오 동별 가격 비교

아파트명	동	층	매매 실거래가	입지 특징
마포래미안푸르지오	102	15	18억 3천만 원 (2021년 4월)	평지
	212	15	18억 4,800만 원 (2021년 3월)	
	303	11	16억 9천만 원 (2021년 4월)	경사지
	403	9	17억 1,500만 원 (2021년 4월)	

자료: 국토교통부 실거래가 공개시스템

우리, 아파트 딱 100채만 보러 가보자

평지인 1단지 102동의 전용면적 84m² 물건은 2021년 4월 18억 3천만 원에 거래되었고, 1단지 맞은편 평지에 위치한 2단지 212동의 같은 면적 물건은 2021년 3월 18억 4,800만 원에 거래되었다. 하지만 경사지인 3단지 안쪽에 위치한 303동의 경우 전용면적 84m² 물건이 2021년 4월 16억 9천만 원에 거래되었고, 마찬가지로 경사지에 위치한 4단지 403동의 전용면적 84m² 물건 또한 17억 1,500만 원에 거래되었다. 물건마다 개별적인 특징과 사연이 있겠지만 같은 아파트임에도 평지와 경사지에 따라 가격 차이가 최대 1억 5천만 원까지 벌어진 것이다.

보다 안전하고
편리한 평지

평지에 지어진 아파트는 경사지에 위치한 아파트에 비해 시세 외에도 다음의 네 가지 장점이 있다.

1. 뛰어난 안전성

우선 안전과 관련된 사고로부터 비교적 자유롭다. 필자가 실거주를 위해 처음 매수한 아파트는 단지가 인왕산 자락에 위치해 있었다. 그래서 아파트 단지 안에 짧지만 가파른 경사가 존재했는데 겨울이 되자 여러 문제가 생겼다. 밤새 쌓인 눈이 빙판으로 바뀌면서 경사를 이동하는 차량이 이중 주차되어 있는 차와 충돌하는 사고가 빈번하게 발생했다. 또 경사진 곳에서 자전거와 킥보드를 타는 아이들의 모습은 항상 위태로워 보였다.

2. 풍부한 편의시설

평지 아파트의 경우 공원과 같은 단지 내 편의시설 조성이 유리하기 때문에 산책과 운동을 즐기기에 좋다. 실제로 평지에 위치한 송파구 헬리오시티의 경우 단지 중앙을 가로지르는 약 1km에 이르는 중앙공원으로 유명하다. 파크밴드라 불리는 이 지상공원 주변에는 놀이터, 운동시설, 휴게소 등을 포함해 다양한 테마정원이 조성되어 있다.

3. 쾌적한 일조권과 조망권

평지에 위치하면 모든 세대가 우수한 일조권을 누릴 수 있으며, 뛰어난 조망권을 확보하기에도 유리하다. 경사지 아파트의 경우, 경사를 극복하기 위해 계단 구간이 존재하기 때문에 그만큼 활용할 수 있는 땅이 좁다. 또 경사가 적당하다면 문제없겠지만 산 바로 옆에 세워진 아파트에는 거대한 옹벽이 존재한다. 실제로 종로구에 위치한 한 아파트는 이 옹벽으로 인해 해가 잘 들지 않는 세대가 존재하기도 한다. 일조권이 나쁘면 세대 내부에서 결로가 생기기도 하고, 진입로가 빙판길이 되기도 한다.

4. 보행의 편리함

평지에 있는 아파트는 보행의 편리함에 있어서 경사지와 비교할 수 없는 즐거움을 준다. 경사지 아파트에서 살 때는 조금이라도 짐이 많거나 급한 일이 생겼을 때 집을 오가는 일이 굉장히 큰 고비로 느껴졌다. 하지만 평지 아파트인 잠실 아파트로 이사를 온 이후에는 이러한 고민이 싹 사라졌다. 누군가는 작은 차이라고 생각할 수 있겠지만 매일 직면해야 하는 불편함이 사라지자 평지 아파트의 가치를 다시 한번 느낄 수 있었다. 특히 휠체어를 이용해야 하거나 거동이 불편한 고령의 입주민이라면 이 차이를 더욱 크게 실감할 것이다.

층, 향, 뷰, 타입 순서로 결정하라

기본적인 원칙은 '나'에게만 좋아 보이는 물건이 아니라 '다른 사람'에게도 좋아 보이는 물건을 고르는 안목을 키워야 한다는 것이다.

아파트를 매수할 때 가격이 매력적이라는 이유로 저층을 매수한 경험이 있다. 당시 기준층의 경우 2억 8천만 원이 넘었는데 저층 물건은 2억 1,500만 원에 불과했다. 같은 평수를 6,500만 원이나 더 싸게 살 수 있다는 생각에 과감하게 매수를 결정했다. 그렇게 1층 아파트 소유권은 필자에게로 왔다. 비록 1층이지만 마음속으로는 이 집의 시세도 로열층과 같다고 생각했다. '부동산 시장만 좋아지면 이 집도 로열층 못지않게 좋은 가격에 팔릴 수 있겠지?' 하고 굳게 믿었다.

시간이 흘러 매도를 해야 하는 상황이 생겼다. 아파트 단지 인근 부동산에서는 필자의 1층 물건을 콕 집어 찾는 '임자'가 있어야 팔릴 수 있는 매물이라고 했다. 게다가 향도 동향이기에 쉽지 않을 거라는 말도 덧붙였다. 그렇게 수년이 지났다. 해당 아파트의 최근 실거래가는 6억 8천만 원이 되었다. 이는 전체 15층 가운데 로열층이라고 불리는 12층의 실거래가다. 하지만 1층은 상대적으로 손바뀜도 적고 시세도 부진했다. 마지막 거래는 2020년 8월 5억 6,500만 원으로, 로열층 시세와의 차이는 1억 1,500만 원에 달한다. 평형은 같지만 1층이라는 이유로 12층 물건보다 17% 저렴하게 거래된 것이다.

저층과 고층의
시세가 다른 이유

아파트 매수는 언제나 빠듯한 예산으로 진행된다. 그래서 집을 볼 때 자칫 시세가 저렴한 저층 매물의 유혹에 빠지기 쉽다. 저층과 고층의 시세에는 어떤 연관성이 있으며 과연 우리는 어떤 선택을 해야 할까?

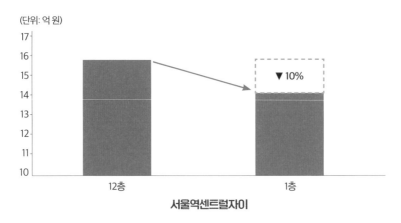

서울역센트럴자이, 텐즈힐1단지 고층과 저층 가격 비교

(단위: 억 원)

서울역센트럴자이

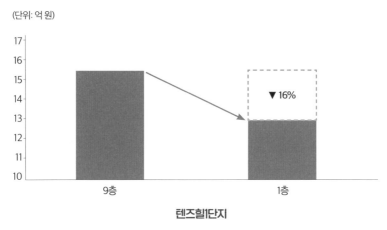

(단위: 억 원)

텐즈힐1단지

자료: 국토교통부 실거래가 공개시스템

2017년 1,341세대 규모로 준공된 서울 중구 서울역센트럴자이를 살펴보자. 전용면적 84m² 매물의 고층과 저층 실거래가를 보면 제법 큰 차이가 난다. 2020년 6월 16층 물건은 15억 4,500만

우리, 아파트 딱 100채만 보러 가보자

원에 거래된 반면, 2020년 7월 1층 물건은 14억 2천만 원에 거래되었다. 한 달 전에 거래된 16층 물건보다 1억 2,500만 원이나 싼 가격에 팔린 것이다. 같은 해 8월에는 12층 물건도 거래되었는데 7월에 거래된 1층보다 무려 1억 6천만 원이나 높은 15억 8천만 원이었다. 저층인 1층과의 가격 차이는 10%에 달한다.

2015년에 지어진 서울 성동구 텐즈힐1단지의 경우도 마찬가지다. 전용면적 84m² 1층 매물이 2020년 7월 4일에 13억 원에 거래되었고, 2020년 7월 8일에는 같은 면적 5층 매물이 14억 3천만 원에 거래되었다. 그리고 같은 달 29일에는 9층 매물이 15억 5천만 원에 거래되었다. 이는 불과 25일 전에 거래된 1층보다 2억 5천만 원이나 높은 가격이다. 기준층인 9층은 1층에 비해 무려 16% 더 높은 시세에 거래된 것이다.

저층을 싸게 사서 싸게 파는 것도 물론 하나의 투자 전략일 수 있다. 하지만 아파트 저층 세대는 차량과 오토바이 등의 출입으로 소음에 취약할 뿐만 아니라 사생활 침해, 도난 등의 문제에도 쉽게 노출된다. 일부 노후된 아파트에서는 겨울철 베란다 역류 문제가 발생하기도 한다. 따라서 1층 아파트가 꼭 필요한 어린아이, 고령자를 동반한 가족이 아니라면 실수요가 부족하기에 환금성 문제가 생길 수 있다.

향과 뷰의
중요성

아파트를 매수할 때 결정해야 하는 또 다른 요소는 향과 뷰다. 향의 선호도는 보통 다음과 같다.

남향 〉 동향 〉 서향 〉 북향

남향이 가장 선호되는 이유는 무엇보다 일조권이 우수하기 때문이다. 남향의 경우 여름에는 해가 거실 끝에만 살짝 걸칠 정도로 짧게 들어와 집이 대체로 시원하고, 겨울에는 해가 거실을 지나 주방까지 길게 들어와 집 안이 항상 밝고 따뜻하다. 또 통풍도 원활해서 시원하게 환기를 시키기에도 좋다. 필자도 빨래가 잘 마르지 않는 북향과 하루 종일 어두컴컴했던 동향 저층에서 살았던 경험이 있다. 그러다 남서향 고층으로 이사를 가게 되었는데, 처음 느끼는 남향의 놀라운 능력에 매우 감격했던 기억이 있다.

이제는 더 많은 세대가 남향을 즐길 수 있도록 타워형 남동향·남서향으로 배치하는 아파트도 많이 늘어났다. 타워형 남동향 아파트에 사는 한 지인은 남동향의 밝은 분위기가 생활에 활력을 준

잠실엘스 향에 따른 가격 차이

동	향	실거래가	층	실거래일
171동	남동향	18억 5천만 원	10층	2021년 1월
116동	남동향	18억 5천만 원	9층	2021년 1월
152동	남동향	19억 4천만 원	27층	2021년 5월
128동	남서향	19억 1천만 원	10층	2021년 2월
168동	남서향	18억 8,500만 원	25층	2021년 5월

자료: 국토교통부 실거래가 공개시스템

다고 말한다. 남동향뿐만 아니라 남향의 장점과 더 오랜 시간 햇빛을 즐길 수 있는 남서향 역시 어린 자녀를 키우는 가정에서 선호도가 높다.

송파구 잠실동의 잠실엘스는 5,678세대 대단지이기 때문에 같은 평형의 아파트도 여러 향으로 배치되어 있다. 2021년 상반기에 기록된 전용면적 59m²의 실거래가를 향에 따라서 살펴보면, 층과 실거래일을 고려했을 때 남동향과 남서향의 시세에는 유의미한 차이가 없음을 알 수 있다.

최근에는 코로나19로 집 안에서 생활해야 하는 시간이 늘어났기 때문에 조망권이 중요한 요소로 자리 잡게 되었다. 거실 창밖으로 자연을 내려다보며 탁 트인 개방감과 여유를 즐길 수 있는 아파트는 최적의 주거 여건을 제공한다. 거실에서 앞 동의 뒷면만 보이는 아파트가 많아 한강, 산, 공원, 호수, 도심의 스카이라인이 보이는 뷰가 우수한 아파트는 여전히 매력적이다. 하지만 압구정, 반포동, 청담동 등 한강 뷰가 보이는 특수한 경우를 제외하면 같은 아파트 단지 내에서 뷰에 따른 시세 차이는 매수자의 개인적인 선호도가 반영되는 정도로 보인다.

강남구 개포동에는 1,957세대의 래미안블레스티지가 있다. 단지 남쪽 일부 동은 거실에서 대모산의 웅장한 뷰를 즐길 수 있는데, 특히 214~218동의 뷰가 인상적이다. 그런데 전용면적 59m² 물건의 2021년 상반기 최고가는 4월 222동에서 기록했다. 가격은 무려 21억 4,500만 원이었다. 222동은 아파트 단지 안쪽에 위치해 상대적으로 뷰가 평범한 동이다. 그나마 고층이라면 사선으로 대모산 전망을 어느 정도 감상할 수 있겠지만 최고가를 기록한 매물은 5층이었다. 12일 후에는 같은 동의 14층이 20억 4,500만 원에 거래되었다. 한편 대모산 전망을 즐길 수 있는 217동은 2021년 5월 20억 7,500만 원에 거래되었다. 뷰에 대한 프리미엄을 감안하면 222동에서 기록한 최고가 이상으로 거래가 되어야 하지만, 단지 내 생활의 편리함과 양재대로의 소음 문제 등이 시세에 영향을 준 것으로 짐작된다.

송파구에는 43만 평이 넘는 올림픽공원을 내려다볼 수 있는 아파트가 있다. 바로 잠실파크리오다. 특히 312동, 313동, 316동,

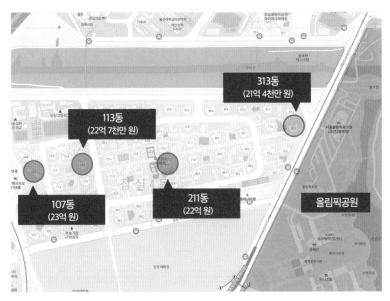

▶ 잠실파크리오 올림픽공원 뷰에 따른 가격 차이

317동에서는 사계절에 따라서 시시각각 변하는 올림픽공원의 아름다운 절경을 감상할 수 있다. 과연 실거래가에도 이런 매력적인 요소가 반영되었을까?

2021년 5월과 6월 사이에 기록된 전용면적 84m²의 실거래가를 살펴보자. 107동에서는 23억 원의 거래가 있었고, 113동에서는 22억 7천만 원의 거래가 있었다. 지하철 2호선 잠실나루역 초역세권에 해당하는 1단지의 시세가 높음을 알 수 있다. 이어서 2호선과 올림픽공원을 모두 이용하기에 편리한 2단지 211동은 22억 원에 거래되었다. 아름다운 올림픽공원 뷰를 품은 3단지

313동 매물은 21억 4천만 원에 거래되었다. 조망권보다는 2호선 지하철역까지의 거리가 시세에 더 큰 영향을 주고 있음을 알 수 있다.

타입별
특징과 시세

마지막으로 아파트를 선택할 때 결정해야 하는 부분은 평면, 즉 타입이다. 한 아파트 단지 내에서도 같은 면적이지만 여러 타입이 존재하는 곳을 많이 볼 수 있다.

성동구 하왕십리동에는 2,529세대의 왕십리뉴타운센트라스가 있다. 이 아파트 전용면적 84m²의 타입은 8개다. 그럼 같은 면적의 아파트의 경우 타입에 따라서 시세 차이가 있을까? 동일한 면적의 4개 타입의 특징과 시세를 비교해보자.

타입에 따라서 구조적인 특징이 미세하게 다른 것을 볼 수 있다. 111A 타입은 4베이 구조다. 방 3개에서 모두 훌륭한 채광을 즐길 수 있다. 하지만 주방에 창이 없기 때문에 시원한 환기를 원하는 수요자에게는 선호도가 약할 수 있다. 이 타입은 2021년 4월 12층 매물이 17억 3,500만 원에 거래되었다. 116G 타입은

왕십리뉴타운센트라스 타입별 특징

111A 타입

116G 타입

116H 타입

110I 타입

우리, 아파트 딱 100채만 보러 가보자

2베이다. 방 2개가 뒤쪽으로 배치되어 있다. 따라서 거실이 남동향, 남서향과 같이 남향을 끼고 있다면 나머지 방은 북서향, 북동향과 같이 북쪽으로 배치되는 구조다. 이 타입의 최근 실거래가는 16억 8천만 원이다. 116G 타입의 실거래가가 상대적으로 낮은 이유로 2020년 11월에 거래되었다는 것을 감안해야 한다. 실제로 116G 타입의 2021년 7월 KB부동산 일반평균가는 18억 원으로 실거래가가 가장 높은 116H 타입과 동일하다.

116H 타입은 3베이 구조다. 주방과 거실이 인접하게 구성되어 동선이 편리하도록 설계되었다. 주방 뒤편의 작은 방은 거실과 떨어져 있기 때문에 조용한 공부방으로 활용하기에 좋고, 거실 쪽 작은 방에는 2개의 면에 창이 있기에 시원한 개방감을 제공한다. 이 타입은 2021년 6월 16층 물건이 18억 원에 실거래되었다.

왕십리뉴타운센트라스 타입별 가격

타입	특징	실거래가
111A	4베이 구조, 방 3개의 채광이 좋음	17억 3,500만 원 (2021년 4월, 12층)
116G	2베이 타워형 구조, 방 2개가 북쪽으로 배치	16억 8천만 원 (2020년 11월, 18층)
116H	3베이 구조, 주방과 거실이 인접	18억 원 (2021년 6월, 16층)
110I	전통적인 3베이 구조, 확장성 우수	17억 7천만 원 (2021년 7월, 4층)

자료: 국토교통부 실거래가 공개시스템

110I 타입은 전통적인 3베이 구조를 가지고 있다. 2021년 7월에 17억 7천만 원에 거래되었다. 이렇게 타입은 다르지만 실거래가와 KB부동산 시세는 비슷하거나 차이가 없음을 알 수 있다.

우리가 입지분석을 통해 각 아파트가 지닌 고유한 매력을 파악해야 하는 이유는 모두 저마다의 이유로 시세가 다르게 형성되기 때문이다. 모든 조건을 충족할 수는 없다. 매력적인 요소에 우선순위를 정해서 가장 중요한 부분에 집중하도록 하자.

저층과 고층 매물이 있다면 좀 더 비싸더라도 로열층인 고층 물건을 잡는 것이 유리하다. 향 역시 남향 혹은 남향이 포함된 남동향, 남서향을 우선적으로 고려해야 한다. 조망권이 역세권 혹은 생활 편의성 등의 조건과 상충된다면 뷰를 포기하는 것이 낫다. 단 압구정동, 반포동, 청담동, 성수동, 이촌동 등 한강 뷰가 걸린 문제라면 상황이 조금 달라진다. 만일 위 조건이 모두 들어맞으면 타입은 크게 중요하지 않다. 기본적인 원칙은 '나'에게만 좋아 보이는 물건이 아니라 '다른 사람'에게도 좋아 보이는 물건을 고르는 안목을 키워야 한다는 것이다.

세대수가 많은
아파트를 선택하라

아파트 세대수는 거래량과 비례하기 때문에 자연스럽게 매매 시세에도
영향을 미친다.

필자가 20대에 처음 매수한 아파트는 서대문구 유원하나였다.
704세대로 구성된 작은 규모의 아파트였지만 당시 자금 상황을
고려했을 때 최선의 선택이었다. 그런데 아파트 세대수가 적다 보
니 매매 거래량이 적어 정확한 시세를 알기 어려웠다.

아파트를 매수한 2008년에는 같은 평수의 매매 건수가 총
11건, 2009년에는 6건, 2010년에는 7건밖에 되지 않았다. 매매
거래량이 적다는 것은 환금성이 좋지 않다는 것을 의미한다. 아파
트를 팔고 싶어도 제때 팔지 못할 수 있으며, 따라서 매도 가격을

조정할 수밖에 없는 상황이 발생하기도 한다.

아파트 세대수가 크면 거래량도 함께 증가한다. 국토교통부 실거래가 정보에 따르면 총 6,864세대로 구성된 잠실파크리오는 2020년에 270건의 거래가 이뤄졌다. 이 가운데 절반이 넘는 154건은 전용면적 84m²의 매매 거래다. 한편 광진구 광장동에 위치한 354세대의 광나루현대는 같은 해에 총 20건의 매매밖에 이뤄지지 않았다.

매매 거래량과
직결되는 세대수

매매 거래량이 뒷받침되면 시세가 유연해지고 매매 거래가 쉬워진다. 최근에는 '실거래가'라는 명확한 기준이 있으므로 매물 호가에 대한 적절성을 쉽게 파악할 수 있다. 소규모 단지의 경우 매매량이 적다면 해당 아파트 매매 시장이 침체되기 쉬워진다. 결국 매도자 입장에서는 환금성에 문제가 생겨 자금 계획에 차질이 생길 가능성이 높다.

아파트 세대수는 거래량과 비례하기 때문에 자연스럽게 매매 시세에도 영향을 미친다. 2호선과 9호선을 이용할 수 있는 당산역

▶ 당산삼성래미안4차, 래미안당산1차, 성원 위치

주변을 살펴보자.

당산삼성래미안4차가 가장 먼저 눈에 띈다. 이 아파트는 1,391세대로 이뤄져 있으며 단지 안에는 25개 동이 세워져 있다. 2011년 5월 전용면적 84m² 물건이 6억 6,250만 원에 거래되었고, 10년 후인 2021년 5월에는 16억 6천만 원에 거래되었다. 10년 사이 약 10억 원이 오른 것이다.

한편 348세대 4개 동으로 구성된 래미안당산1차는 2011년 5월에 전용면적 84m² 물건이 5억 3,800만 원에 거래되었다. 이후 2021년 3월에는 12억 2천만 원에 거래되면서 10년 사이 6억 8,200만 원이 상승했다. 2011년에는 당산래미안4차 아파트와 실

당산삼성래미안4차, 래미안당산1차, 성원 세대수 및 가격

아파트명	세대수	2011년 실거래가	2021년 실거래가	비고
당산삼성 래미안4차	1,391	6억 6,250만 원 (5월)	16억 6천만 원 (5월)	+9억 9,750만 원
래미안 당산1차	348	5억 3,800만 원 (5월)	12억 2천만 원 (3월)	+6억 8,200만 원
성원	205	4억 4,900만 원 (4월)	9억 6,500만 원 (8월)	+5억 1,600만 원

자료: 국토교통부 실거래가 공개시스템

거래가 기준 23%인 약 1억 2,500만 원밖에 차이가 나지 않았는데, 10년 후에는 그 차이가 36%까지 커지면서 4억 4천만 원까지 벌어진 것이다.

당산역 서쪽에는 205세대의 성원도 있다. 성원 전용면적 84m^2 물건의 경우 2011년 4월 4억 4,900만 원에 거래되었고, 가장 최근 실거래가는 2021년 8월에 기록된 9억 6,500만 원이다. 비교적 세대수가 적기 때문에 시세 상승폭도 작았다.

연식의 차이가 있지만 대단지와 소규모 단지의 시세 차이는 시간이 지나면서 더욱 크게 벌어지는 것을 확인할 수 있다.

또 다른 예로는 8호선 암사역 주변에 위치한 이 지역 랜드마크 아파트 선사현대가 있다. 2,938세대의 대단지를 자랑하는 이 아파트는 16개 동으로 이뤄져 있다. 이 아파트 전용면적 84m^2 19층

선사현대, 삼성광나루, 한강현대 세대수 및 가격

아파트명	세대수	2018년 실거래가	2021년 실거래가	비고
선사현대	2,938	6억 8,500만 원 (1월)	14억 4,500만 원 (1월)	+7억 6천만 원
삼성광나루	490	7억 1천만 원 (1월)	12억 4,800만 원 (1월)	+5억 3,800만 원
한강현대	417	5억 7,900만 원 (1월)	10억 8천만 원 (1월)	+5억 100만 원

자료: 국토교통부 실거래가 공개시스템

물건은 2021년 1월 14억 4,500만 원에 실거래되었다. 2018년 1월 6억 8,500만 원에 거래된 것과 비교하면 3년 사이 7억 6천만 원이 올랐다. 선사현대 바로 옆에는 소규모 아파트인 삼성광나루가 있다. 490세대로 2002년에 준공되었다. 전용면적 84m² 매물이 2018년 1월 7억 1천만 원에 거래되었고, 2021년 2월에는 5억 3,800만 원 오른 12억 4,800만 원에 거래되었다. 선사현대 주변에는 한강현대도 있다. 한강현대는 3개 동 417세대로 구성된 아파트다. 2021년 2월 전용면적 84m² 물건이 10억 8천만 원에 거래되었는데, 2018년 1월 이후 약 5억 원 상승한 것을 확인할 수 있다.

2018년에는 삼성광나루 아파트의 실거래가가 선사현대 아파트보다 다소 높았지만, 불과 3년 후에는 오히려 대단지인 선사현대 아파트의 시세가 2억 원 이상 높아지는 현상을 보였다.

이처럼 대단지 아파트는 전반적으로 아파트 시세가 상승하는 시기에 그 힘을 더욱 크게 발휘한다.

대단지 아파트를
선택해야 하는 이유

대단지 아파트는 매매 시세 측면에서만 유리한 것은 아니다. 대단지 아파트는 상대적으로 고급스럽고 다양한 커뮤니티 시설을 자랑한다. 아파트 커뮤니티 시설 설치는 「주택건설기준 등에 관한 규정」에 따라 의무화되어 있다.

예를 들어 아파트가 100세대 이상 1천 세대 미만일 경우 세대당 2.5m²를 더한 면적, 1천 세대 이상일 경우 500m²에 세대당 2m²를 더한 면적의 주민공동시설을 설치해야 한다. 또한 아파트 세대수에 따라서 의무적으로 설치해야 하는 시설의 종류가 규정되어 있다. 150세대 이상일 경우 경로당과 어린이 놀이터를 설치해야 하고, 300세대 이상은 어린이집이 추가되며, 500세대 이상은 운동시설, 작은 도서관, 다함께돌봄센터를 추가로 설치해야 한다. 결국 세대수가 큰 아파트 단지일수록 커뮤니티 시설의 면적이 더 넓어지고 종류도 다양해지는 것이다. 요즘에는 인피니티 수영장, 스카이라운지, 피트니스센터, 골프연습장, 독서실, 키즈카페, 조식 서비스 등을 제공하는 아파트도 늘어나고 있다.

대단지는 이러한 다양한 시설을 갖추고도 아파트 관리비가 저렴한 것이 장점이다. 입주민이 많기 때문에 공용으로 사용되는 관리비에 대한 부담금도 평균적으로 적다. 청소, 소독, 경비, 커뮤니티 시설 운영비 등을 많은 입주민이 나눠서 분담하기에 가능한 일이다. 또한 아파트 단지가 크면 녹지 조성이 풍부하게 갖춰진다. 단지 내에 크고 작은 공원이 많아 녹지 비율이 높아지고 친환경적인 입지를 갖추게 된다. 이뿐만 아니라 대단지일수록 생활 인프라가 우수할 가능성이 높다. 입주민이 많기 때문에 그만큼 상권이 크게 형성되어 편의성이 향상된다. 아파트 상가와 단지 주변에는 마트, 병원, 약국, 카페, 음식점, 미용실, 학원, 은행, 주민센터 등이 입점하게 된다. 일부 규모가 큰 단지에는 소방서와 파출소까지 들어서기도 한다.

그 지역 내에서 가장 규모가 큰 대단지 아파트는 랜드마크 단지로서 인근 아파트 시세 전체를 리딩하는 힘을 지닌다. 시세 상승폭은 크지만 하방경직성이 강하기 때문에 더욱 안전한 투자 가치를 지닌다. 개발 계획은 일반적으로 인구가 많은 곳을 거점으로 삼기 때문에 대단지 아파트 주변으로 개발 호재가 생기기도 한다.

끝으로 1천 세대 이상의 대단지를 조성할 만큼 사업 부지가 큰 곳이 서울 시내에 많지 않기 때문에 공급 측면에서도 희소성이 존재한다. 1천 세대 이상의 대단지 아파트는 시공 노하우가 풍부한 1군 대형 건설사들이 주로 시공하기 때문에 상품성과 가치 역시 매우 우수하다.

개별 세대보다는
단지 고급화가 유리하다

고급 커뮤니티 시설을 제공하는 아파트 단지를 눈여겨보는 것이 생활의 편의성이나 자산 가치를 키우는 측면에서 유리할 것이다.

2002년 강남구 도곡동에 타워팰리스가 등장했다. 국내 최초의 주상복합 아파트인 타워팰리스는 특화된 커뮤니티 시설을 처음으로 도입한 것으로 알려져 있다. 실내 수영장과 사우나, 피트니스센터 등 당시 아파트에는 흔치 않았던 커뮤니티 시설이 등장하면서 고급 아파트 시대를 열었다. 거주에만 초점이 맞춰진 단순한 주택의 개념을 넘어 아파트가 삶의 질을 향상시키고 차별화된 품격을 나타내는 기능의 역할까지 하게 된 것이다.

잇따라 등장하고 있는
프리미엄 단지

타워팰리스 이후 2009년 반포에도 고급 아파트가 등장했다. 바로 래미안퍼스티지다. 설계는 물론이고 커뮤니티 시설과 단지 내 조경을 특화한 해당 아파트에는 1급수만 서식하는 쉬리가 있는 3,976m² 규모의 인공호수와 1천 년 수령의 느티나무가 있다. 6,246m²에 이르는 호텔급 커뮤니티 시설에는 수영장, 골프연습장, 신라호텔 피트니스클럽과 동일한 시설의 피트니스센터, 북카페, 독서실, 키즈룸, 커뮤니티홀 등이 있다.

또 다른 고급 아파트 반포자이에는 2만 그루의 나무와 2.4km의 산책로, 750m의 실개천이 있다. 연면적 9천m²에 이르는 자이안센터에는 골프연습장, 수영장, 피트니스센터, 사우나, 클럽하우스, 게스트룸, 키즈룸, 실버룸, 독서실 등의 시설이 갖춰져 있다.

특화된 아파트 설계를 기본으로 커뮤니티 시설과 조경을 더해 단지를 고급화하자 시장에서도 좋은 평가를 받기 시작했다. 2010년 신반포4차 전용면적 96m² 물건은 10억 원 수준에서, 그리고 잠원동 동아 전용면적 84m² 물건은 8억 원 수준에서 거래된 반면, 반포자이 전용면적 84m² 매물은 16억 원에 거래되었

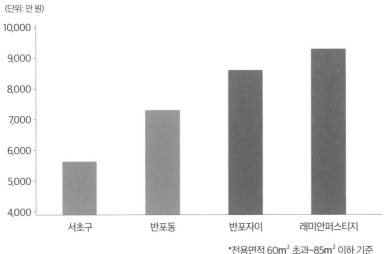

지역 평균 평당 시세와 고급 아파트의 평당 시세

(단위: 만 원)

*전용면적 60m² 초과~85m² 이하 기준

자료: KB부동산

다. 2021년 7월 기준으로 전용면적 60m² 초과~85m² 이하의 평당 KB부동산 시세는 서초구 5,723만 원, 반포동 7,456만 원으로 나타났다. 하지만 반포자이는 8,734만 원, 래미안퍼스티지는 9,492만 원으로 조사되었다.

최근 커뮤니티 시설은 고품격 라이프 스타일을 고려한 게 특징이다. 수요자들이 삶의 질을 중요하게 생각하면서 커뮤니티 시설도 점차 발전하게 되었다. 스카이브릿지, 스카이라운지, 전망 엘리베이터, 공중 인피니티풀, 전문 케이터링 기업의 호텔식 조식 서비스 등은 기본이고, 전문 가든디자이너가 만든 명품 테마정원이나 레저 문화를 고려한 캠핑장, 클라이밍장, 텃밭 그리고 반려동물을 위한 전용가든도 등장했다. 실버 세대를 위한 의료 서비스가 가능한 단지나, 다양한 첨단 시스템이 적용된 단지도 등장했다.

예를 들어 한남더힐의 경우 사물인터넷에 기반한 안면인식 입출입 시스템과 24시간 상주하는 경비 보안 서비스 등으로 입주민의 사생활을 보호하고 있다.

2021년 7월 입주가 시작된 서초구 방배동의 방배그랑자이는 로비라운지, 도서관, 독서실, 피트니스센터, 골프연습장, 체육실, 키즈카페, 맘스카페, 시어터룸, 음악연습실, 야외 테라스 카페 등의 시설을 갖췄다.

1,446세대의 신축 아파트인 서초그랑자이는 2021년 6월 입주를 시작했다. 최상층 스카이라운지를 비롯해 리조트형 게스트하우스, 스크린골프장, 작업실로 사용 가능한 스튜디오, 카페테리아, 프리미엄 피트니스센터, 인터컨티넨탈 호텔 피트니스 컨설팅, 호텔식 사우나와 스파, 호텔식 수영장, 스쿨버스 대기실, 대용량 코인세탁실, 도서관, 키즈스쿨, 키즈카페, 최첨단 스마트 독서실 등이 입주민을 위해 준비되어 있다. 게다가 입주민 전용 CGV 프리미엄 상영관까지 들어왔다.

2023년 입주 예정인 강남구 개포동의 개포프레지던스자이에는 루프탑 인피니티풀이 설치된다. 스카이라운지, 글램핑장, 게스

우리, 아파트 딱 100채만 보러 가보자

트하우스, 사우나, 실내수영장, 실내체육관, 클라이밍 시설, 실내골프연습장, 악기 연주실, 독서실, 시네마룸, 코인세탁실, 탁구장, 카페테리아 등의 커뮤니티 시설은 기본이다. 아직 입주까지 시간이 남았음에도 불구하고 전용면적 84m²의 입주권 시세는 30억 원을 웃돈다.

단지 고급화가
시세에 미치는 영향

이러한 커뮤니티 시설의 차이는 시세에도 영향을 미친다. 2021년 7월에 입주를 시작한 강남구 일원동의 디에이치자이개포도 고급 커뮤니티 시설을 갖췄다. 스카이라운지를 비롯해 복층형 피트니스센터, 실내 조깅트랙, 수영장, 사우나, 음악연습실, 골프연습장, 도서관, 스터디룸, 북카페, 독서실, 카페테리아, 키즈짐, 클럽하우스, 키즈놀이터, 맘스라운지, 파티룸, 코인세탁실, 문화센터 등이 준비되어 있다. 시장에서도 좋은 평가를 받아 전용면적 84m² 물건의 시세는 31억 원, 전세는 20억 원이다.

디에이치아너힐즈의 경우 대모산을 감상할 수 있는 스카이라운지가 독보적이다. 게다가 수영장, 사우나, 체육관, 피트니스센터, 영화관, 음악연주실, 평생교육실, 게스트하우스 등의 시설을 기본적으로 갖췄다. 전용면적 84m² 물건의 시세는 매매 30억 원, 전세 18억 원이다.

한편 래미안개포루체하임의 경우 커뮤니티 시설이 다소 부족하다. 스카이라운지, 수영장, 습식사우나가 없으며 조식 서비스가 제공되지 않는다. 타 아파트에 비해 역세권과 학군 부분에서 우위가 있고, 각 세대 내부를 고급화했음에도 커뮤니티 시설의 약세가 시세에 반영된 모습이다. 전용면적 84m² 물건의 경우 매매는 29억 원, 전세는 16억 원 전후로 시세가 형성되어 있다. 디에이치자이개포, 디에이치아너힐즈와 비교하면 커뮤니티 시설의 유무가 영향을 크게 미친 듯하다.

언택트 시대의 확산으로 아파트에서 주거와 문화, 레저를 모두 즐길 수 있는 커뮤니티 시설의 수요는 앞으로도 이어질 것으로 보인다. 아파트 세대 내부 인테리어는 입주민의 취향에 맞춰 얼마든지 고급화할 수 있다. 하지만 커뮤니티 시설은 추후에 추가하기 쉽지 않다. 따라서 차별화된 고급 커뮤니티 시설을 제공하는 아파트 단지를 눈여겨보는 것이 생활의 편의성이나 자산 가치를 키우는 측면에서 유리할 것이다.

평형대 구성을
확인하라

성공적인 투자를 위해 시야를 넓혀 해당 아파트 단지의 평형대 구성도 함께 공부할 필요가 있다.

아파트 매수를 위해 조사를 많이 했거나 한 아파트에서 오래 살았다고 해도, 다음의 질문에 자신 있게 답을 할 수 있는 경우는 많지 않을 것이다.

1. 지금 사려고 하는 혹은 살고 있는 아파트 단지의 평형별 구성을 알고 있는가?

2. 지금 사려고 하는 혹은 살고 있는 아파트 단지의 각 평형별 세대수까지 정확하게 알고 있는가?

3. 거주하고 있거나 매수를 염두에 두고 있는 평형대가 그 지역에서 가장 인기 높은 평형인가?

전용면적 84m² 아파트에만 관심이 있으면 해당 면적에 대한 정보에만 관심을 갖게 된다. 하지만 좀 더 넓게 살펴봐야 한다. 성공적인 투자를 위해 시야를 넓혀 해당 아파트 단지의 평형대 구성도 함께 공부할 필요가 있다.

평형대 구성을 확인해야 하는 이유

아파트 단지의 평형대 구성을 확인해야 하는 이유는 평형대 구성에 따라 시세 상승폭이 다르기 때문이다. 강서구에 위치한 가양역 주변에는 17평 단일 평수로 구성된 등촌주공8단지, 31평 단일 평수로 구성된 미주진로, 마지막으로 46평 단일 평수로만 구성된 대림경동이 있다.

등촌주공8단지는 1994년에 지어진 17평형 445세대의 아파트다. 2021년 6월 전용면적 41m² 물건이 6억 5천만 원에 거래되었고, 거래 가능한 매물은 7억 원을 호가한다. 2014년 1월 1억 9천

▶ 미주진로, 둔촌주공8단지, 대림경동 위치

만 원에 거래된 것과 비교하면 4억 6천만 원이 오른 것이다. 부동산 침체기인 2009년부터 2013년까지의 시세 변화도 인상적이었다. 2009년 1월에는 2억 1천만 원이었지만 2013년 12월에는 소폭 조정된 2억 300만 원에 거래되었다. 조정기에도 상대적으로 강한 모습을 보인 것이다.

등촌주공8단지 바로 왼쪽에는 미주진로가 있다. 1994년에 준공된 31평형 488세대의 아파트다. 2014년 1월에는 3억 8천만 원에 매매 거래가 성사되었지만, 2021년 6월에는 5억 500만 원 상승한 8억 8,500만 원에 거래되었다. 한편 2009년 2월에는 4억

3,500만 원에 거래되었는데, 부동산 시장의 침체로 2013년 12월에는 오히려 4,700만 원 하락한 3억 8,800만 원에 거래가 이뤄졌다.

가양역 북쪽 한강변에는 46평으로만 구성된 540세대의 대림경동도 있다. 2021년 7월에 13억 원에 거래되면서 2014년 1월에 기록한 5억 1천만 원의 실거래보다 7억 9천만 원 상승했다. 2009년 1월에 5억 3천만 원 수준이었던 실거래가는 5년이 지난 2013년 12월에도 비슷하게 유지되었다.

9호선 가양역은 급행 전철을 타고 김포공항, 여의도, 고속터미널, 선정릉, 봉은사, 종합운동장 등으로 쉽게 출퇴근할 수 있어 직장인과 신혼부부가 선호하는 지역 중 한 곳이다. 따라서 이 지역에서는 소형 아파트 선호도가 높게 나타난다.

실제로 부동산 상승기에는 소형 평수 단지가 더 큰 상승률을 기록했다. 17평형 단지인 등촌주공8단지는 1억 9천만 원에서 6억 5천만 원으로 242% 상승했고, 31평형 단지인 미주진로는 3억 8천만 원에서 8억 8,500만 원으로 132% 상승했으며, 46평형 단지인 대림경동은 5억 1천만 원에서 13억 원으로 155% 상승했다. 부동산 조정기에도 소형 평수 단지가 대형 평수 단지보다 시세 방어를 잘했다. 2009년부터 2013년 사이 등촌주공8단지는 700만 원 하락한 반면, 미주진로는 4,700만 원이나 빠졌기 때문이다. 이 지역에서 소형 평수는 꾸준히 강한 모습을 보였다.

우리, 아파트 딱 100채만 보러 가보자

▶ 푸른마을, 샘터마을, 목련타운, 까치마을 위치

까치마을, 푸른마을, 목련타운, 샘터마을 가격 비교

아파트명	평형대 구성	시세 기준	2014년 1월 실거래가	2020년 12월 실거래가	상승률
까치마을	15평, 17평, 21평	17평 (전용면적 39m²)	3억 1천만 원	10억 원	223%
푸른마을	24평, 31평	24평 (전용면적 59m²)	4억 8천만 원	14억 9천만 원	210%
목련타운	36평, 48평	36평 (전용면적 99m²)	9억 3천만 원	21억 원	126%
샘터마을	36평, 40평, 47평, 54평	36평 (전용면적 101m²)	9억 원	21억 4,500만 원	138%

자료: 국토교통부 실거래가 공개시스템

강남구에 있는 3호선 일원역 주변에도 다양한 평수로 구성된 아파트들이 모여 있다. 우선 까치마을은 15평, 17평, 21평으로 구성된 1,404세대의 아파트다. 17평에 해당하는 전용면적 39m² 물건의 경우 2014년 1월 3억 1천만 원에 거래되었고, 이후 꾸준히 상승해 2020년 12월에는 10억 원에 거래되었다. 7년 사이 6억 9천만 원 오르면서 223%의 상승률을 기록한 것이다. 부동산 시장이 좋지 않았던 시기에는 큰 변동 없이 가격을 유지했는데, 2009년 1월과 2013년 12월에 각각 3억 1,300만 원과 3억 1,250만 원에 거래되었다.

푸른마을은 24평, 31평으로만 구성된 930세대의 아파트다. 24평인 전용면적 59m² 물건은 2014년 1월 4억 8천만 원에서 2020년 12월 14억 9천만 원으로 실거래가가 상승하면서 210%의 상승률을 기록했다. 하락기에는 2009년 4억 5천만 원에서 2013년 4억 8,500만 원으로 오히려 3,500만 원이 오르는 힘을 보여주기도 했다.

36평, 48평으로 구성된 목련타운 아파트의 전용면적 99m² 물건은 2014년 1월 9억 3천만 원에 거래된 후 2020년 12월 21억 원에 매매되었다. 실거래가 기준으로 11억 원이 넘게 올랐지만 상승률은 126%에 그쳤다. 부동산 침체기에는 2009년 9억 2천만 원에서 2013년 8억 9,500만 원으로 2,500만 원 조정된 모습을 보이

우리, 아파트 딱 100채만 보러 가보자

기도 했다.

샘터마을은 36평, 40평, 47평, 54평만 존재한다. 2014년 1월 36평 전용면적 101m² 물건의 실거래가는 9억 원에서 2020년 12월 21억 4,500만 원으로 상승했다. 상승률은 목련타운보다 좀 더 높은 138%였다. 부동산 침체기 때는 시세가 다소 불안정한 모습을 보였다. 2013년 12월에는 2009년 1월과 비교해서 5천만 원 내린 9억 원에 거래되었다.

일원역 북쪽에 위치한 삼성서울병원에 근무하는 의료 종사자들의 수요와 강남 진입을 원하는 투자자들의 수요, 그리고 우수한 평가를 받는 학군(왕북초등학교, 대왕중학교)으로 인해 소형 평수와 24평, 31평까지는 인기가 많음을 알 수 있다. 지역의 특성상 작은 평수는 하락기에도 강한 하방경직성을 보였고, 상승기에는 높은 상승률을 보였다. 하지만 36평 이상이 포함된 단지들의 상승률은 비교적 저조했다. 또 소형 평수에 비해 부동산 침체기 때 큰 부침을 겪었다. 이는 취득세, 재산세, 종부세 등 세금 부담이 높고, 투자자보다는 실수요자 위주의 제한된 수요층을 보이며, 인근에 대치동이라는 대체지가 있기 때문으로 해석된다. 결국 부동산 시장의 정체기에는 소형 평수만 있는 단지보다 조정폭이 더 컸고, 상승기에는 더딘 상승률을 보였다.

평형대가 다양하다면
지역의 특성을 고려해야

많은 경우에 있어서 아파트 단지는 20평대부터 40평대까지 골고루 섞여 있다. 이럴 때는 해당 지역의 특성을 고려해 가장 유력한 평수가 무엇인지 확인해야 한다.

성동구 행당동에 있는 행당대림과 관악구 봉천동의 관악우성의 경우 아파트 내의 다른 전용면적보다 전용면적 59m²가 2014~2020년 사이 가장 높은 상승률을 보인 것으로 조사되었다. 행당동은 시청, 을지로 등의 도심과 강남, 잠실 쪽으로 출퇴근을 하기 좋아 맞벌이부부의 선호도가 높은 지역이다. 봉천동 역시 합리적인 가격대와 강남으로의 출퇴근이 가능하다는 점 때문에 젊은 부부에게 인기가 좋다.

한편 잠실엘스의 경우는 전용면적 84m²의 상승률이 161%로 가장 높았고, 뒤를 이어 전용면적 59m²가 151%를 기록했다. 잠실의 경우 강남 출퇴근이 편리할 뿐만 아니라 대치동 학원가를 어렵지 않게 이용할 수 있어 학부모의 수요가 높다. 그렇기에 더 넓은 평수인 전용면적 84m²에 대한 높은 수요가 시세에 반영되었다.

우리, 아파트 딱 100채만 보러 가보자

행당대림, 관악우성, 잠실엘스 가격 비교

아파트명	전용면적	2004년 1월	2020년 12월	상승률
행당대림	59m^2	3억 1천만 원	9억 8천만 원	216%
	84m^2	4억 5천만 원	11억 9,500만 원	166%
	114m^2	6억 원	14억 5천만 원	142%
관악우성	59m^2	2억 7,100만 원	7억 6,500만 원	182%
	84m^2	3억 4,500만 원	9억 원	161%
	114m^2	4억 1,500만 원	9억 2천만 원	122%
잠실엘스	59m^2	7억 4,900만 원	18억 8천만 원	151%
	84m^2	9억 원	23억 5천만 원	161%
	119m^2	12억 원	27억 원	125%

자료: 국토교통부 실거래가 공개시스템

소형 평수로만 구성된 아파트 단지의 경우, 중대형 이상으로만 구성된 단지에 비해 상승기에는 더 높은 상승률을 기록하고 조정기에는 시세 방어가 잘되는 모습을 보였다. 하지만 가족 구성원이 추가되거나 아이들이 자라서 더 넓은 주거 공간이 필요해지면 더 큰 평수로의 이사를 고려하게 되므로, 이에 따라 급매물이 출현할 수 있어 주의해야 한다. 또 단일 평수 아파트보다는 여러 평형대가 속한 아파트 단지의 시세가 더 강한 모습을 보인다는 사실에도 주목할 필요가 있다.

물론 재건축, 리모델링 등 앞으로의 개발을 염두에 둔다면 단일 평수 단지가 유리할 수도 있다. 세대별로 개발에 따른 분담금 차이나 평형에 따른 이익에 차이가 없어 주민들의 의견을 취합하기 쉽기 때문이다. 여러 평형대가 속한 아파트에 비해 사업 동의율을 높이기 수월하다는 장점이 존재한다.

소형 평수부터 중대형 평수까지 골고루 분포된 아파트 단지의 경우 시세 변동에 있어서 안정된 모습을 보인다. 아파트에 대한 만족도가 높으면 단지 내에서 이사를 하는 경우도 많아 타 단지로의 유출이 적은 편이다. 유출이 적다는 건 시세 방어에도 유리하다는 뜻이다. 또 일정 규모의 다양한 연령층의 주민들이 상당 기간 계속 거주하면 학군과 학원가 형성에도 유리한 부분으로 작용한다. 내가 관심을 가진 평형뿐만 아니라 단지 전체의 평형별 구성에도 관심을 두고 지역의 특성에 따라서 주력 평형대가 무엇인지 확인해야 하는 이유다.

넓은 평수가
가성비가 좋다

이제는 어디에 사는지보다 얼마나 쾌적한 환경에서 사는지에 대한 관심
이 더 커지고 있다.

　소위 '국민평형'이라고 불리는 아파트 전용면적 84m²의 인기
는 꾸준하다. 한국부동산원에서 조사한 규모별 아파트 매매 거
래 자료를 보면, 2020년 한 해 동안 전국에서 총 93만 4,078건
의 아파트 매매가 이뤄졌다고 한다. 이 중 전용면적 61~85m²의
거래는 43만 4,674건으로 전체 거래량의 47%를 차지했다. 서
울의 경우 9만 3,784건의 아파트 매매 거래 가운데 전용면적
61~85m²의 거래가 3만 8,084건에 달했다. 이는 서울 아파트 전
체 거래량의 41%에 해당된다.

전용면적 84m²의 경우 일반적으로 방이 3개다. 최근에는 '알 파룸'까지 더해져 4개의 공간을 이용할 수 있는 아파트가 등장하기도 했다. 부부만 거주한다고 해서 1~2개의 방만 있으면 된다고 여기는 시대는 지났다. 신혼부부가 살더라도 침실 외에 드레스룸, 취미방, 운동방, 서재 등 별도의 공간이 필요해졌다. 캠핑, 골프, 낚시 등 부피가 큰 취미용품을 보관할 공간도 필요한 시대다. 육아를 위해 부모와 생활하는 경우도 흔하다. 게다가 이제는 코로나19로 집 안에 사무실까지 필요해졌다. 재택근무를 시행하는 기업들이 늘어나고 있기 때문이다. 재택근무가 보편화되면서 이제 어디에 사는지보다 얼마나 쾌적한 환경에서 사는지에 대한 관심이 커지고 있다. 주택 면적에 대한 고민이 생기기 시작한 것이다.

떠오르기 시작한
대형 평수

전국에서 아파트를 매수한 사람들의 절반가량은 30평대, 즉 전용면적 84m²를 선택했다. 따라서 만약 이들이 더 넓은 집에 대한 고민을 시작한다면 40평대 이상, 즉 전용면적 110m² 이상의 넓은 평수에 관심을 둘 수밖에 없다. 대형 평수의 경우 하락기에

우리, 아파트 딱 100채만 보러 가보자

는 중형 평형보다 더 크게 떨어졌지만 상승기에는 상대적으로 덜 올랐다. 예를 들어 2011년 2월 23억 원에 거래되었던 잠실 레이크팰리스 전용면적 135m² 물건은 2년 후 2013년 1월 약 45% 하락한 12억 5천만 원에 팔렸다. 이후 6년이 지난 2019년 가을이 되어서야 다시 23억 원대에 거래가 되었다. 하지만 전용면적 84m²의 경우 같은 기간에 9억 7,500만 원에서 9억 원으로 소폭 조정되는 모습을 보였다. 2019년 10월에는 2011년 당시 실거래가보다 180% 넘게 상승한 17억 7천만 원에 거래되었다.

2011년 초에는 레이크팰리스 전용면적 135m²와 전용면적 84m²의 실거래가 차이가 13억 2,500만 원에 달했다. 하지만 2019년 가을에는 그 차이가 5억 3천만 원으로 크게 좁혀진다. 조금만 돈을 보태면 더 넓은 집으로 이사 갈 수 있게 된 것이다. 대형 평형과 중소형 평형의 시세 차이가 좁혀지자 시장은 드디어 대형 평형의 투자 가치를 높게 보기 시작했다. 여기에 넓은 집에 대한 관심까지 증가하면서 시세에 탄력이 붙었다. 결국 레이크팰리스 전용면적 135m² 물건은 2021년 7월 30억 4천만 원의 실거래가를 기록한다.

대형 평수의 강세는 레이크팰리스 외에도 여러 아파트에서 확인할 수 있다. 분당에 위치한 1,781세대 시범삼성한신 역시 최근 대형 평형이 강세를 보였다. 시범삼성한신의 경우 전용면적

85m²를 초과한 세대가 713세대인데, 전용면적 133m² 7층 물건이 2020년 2월부터 2021년 2월까지 1년 사이에 43% 넘게 상승했다. 2020년 2월 12억 9천만 원에 거래된 물건이 2021년 2월 18억 5천만 원에 거래되면서 무려 5억 6천만 원이 오른 것이다.

총 3,410세대가 있는 서초구 반포동의 반포자이 또한 대형 평형이 급부상했다. 총 3,410세대 중 전용면적 132~244m² 대형 평수는 1,364세대가 존재하는데, 최근 몇 년 사이 눈에 띄는 상승률을 기록했다. 2020년 6월 34억 원에 거래된 전용면적 165m² 물건은 1년 사이 10억 원 넘게 오르면서 2021년 7월 45억 원에 매매되었다. 전용면적 244m² 물건은 3년 사이 무려 37억 원이나 상승했다. 2018년 2월 28억 500만 원에 거래된 이후 2년 뒤에는 41억 원, 다시 1년 뒤에는 52억 원을 기록했다. 2021년 8월에는 65억 원에도 거래가 이뤄졌다.

대형 평형의
세 가지 장점

대형 평형의 장점은 다음의 세 가지로 정리할 수 있다.

시범한양 전용면적에 따른 매매가(2021년 6월 기준)

평수	실거래가	평당가	m²당 매매가
24평	11억 원	4,583만 원	1,375만 원
33평	14억 2천만 원	4,303만 원	1,279만 2천 원
49평	17억 원	3,469만 원	1,036만 5천 원
54평	18억 5천만 원	3,426만 원	1,022만 원

자료: 국토교통부 실거래가 공개시스템

1. 준수한 가성비

첫째로 대형 평형은 가성비가 좋다. 쉽게 말해 소형 평형에 비해 평당가가 낮다. 2,419세대 분당 시범한양의 전용면적에 따른 매매가를 살펴보자. 2021년 6월 11억 원에 거래된 24평의 평당가는 4,583만 원이고, 14억 2천만 원에 거래된 33평의 평당가는 4,303만 원이다. 이에 반해 49평과 54평의 평당가는 각각 3,469만 원과 3,426만 원으로 중소형 평형대와 비교하면 1천만 원 이상 낮게 나타났다.

강서구 화곡동에는 2,603세대의 강서힐스테이트가 있다. 이 아파트의 2021년 5~7월 사이 실거래가를 바탕으로 평당가를 비교해보면 시범한양과 마찬가지로 대형의 가성비가 준수하다는 것을 알 수 있다. 55평의 m²당 매매가는 880만 원으로, 24평과 평당가 차이를 비교하면 무려 2천만 원이 넘는다. 32평과는 평당

강서힐스테이트 전용면적에 따른 매매가(2021년 5~7월 기준)

평수	실거래가	평당가	m²당 매매가
24평	12억 4,500만 원	5,188만 원	1,518만 원
32평	14억 2천만 원	4,438만 원	1,268만 원
48평	16억 1천만 원	3,354만 원	1천만 원
55평	16억 2천만 원	2,945만 원	880만 원

자료: 국토교통부 실거래가 공개시스템

1,500만 원이나 차이가 난다. 32평 매수금액에 2억 원만 더 들이면 55평을 살 수 있는 것이다.

2. 꾸준한 시세 상승률

둘째로 시세 상승률도 꾸준하다. KB부동산에서 조사한 서울 아파트 면적별 평균 매매가격 자료를 살펴보자.

2016년 1월부터 2021년 6월까지 전용면적 60m² 이하 소형 아파트의 시세 변동률은 137%로 꾸준히 강세를 보였다. 전용면적 102~135m² 중대형 평수의 경우 101%의 상승률을 기록했는데, 소형 아파트와 비교하면 저조해 보이지만 30평대가 포함된 61~85m² 중소형 면적의 상승률 105%와 큰 차이가 없다. 중소형 평수만큼 거래가 많지는 않지만 대형 평수 역시 거래될 때 꾸준한 상승률을 기록한 것이다.

우리, 아파트 딱 100채만 보러 가보자

서울 아파트 면적별 평균 매매가격

전용면적 구분	대형 135m² 초과	중대형 102m² ~ 135m²	중형 85m² ~ 102m²	중소형 60m² ~ 85m²	소형 60m² 이하
2016년 1월	137,257	74,986	70,834	49,283	33,653
2016년 7월	139,716	76,384	73,601	50,751	35,152
2017년 1월	145,312	79,488	78,713	53,575	37,456
2017년 7월	149,283	81,885	82,747	55,332	39,007
2018년 1월	160,580	89,461	90,099	61,193	42,835
2018년 7월	171,969	97,655	98,792	67,284	46,953
2019년 1월	181,361	108,609	90,934	69,607	55,771
2019년 7월	183,343	109,384	91,421	70,507	56,300
2020년 1월	192,921	119,010	99,516	76,669	60,817
2020년 7월	199,841	126,119	106,714	83,137	65,588
2021년 1월	215,817	140,042	118,064	93,921	73,982
2021년 6월	229,690	151,047	128,173	101,262	79,769

*단위: 만 원
자료: KB 부동산

3. 넉넉한 대지지분

마지막으로 대형은 대지지분이 많다. 대지지분이 많기 때문에 추후 재건축 등의 정비사업을 진행할 때 유리하다. 「도시 및 주거환경정비법」을 보면, '감정가액에 따른 가격의 범위 또는 종전 주택의 주거전용면적의 범위에서 2주택을 공급할 수 있으며, 이 중

1주택은 주거전용면적을 60m² 이하로 한다.'라고 되어 있다. 즉 감정평가 금액이 높거나 전용면적이 넓다면 새 아파트를 '1+1'로 준다는 것이다.

재건축 연한이 다가온 1기 신도시를 눈여겨봐야 하는 이유다. 1기 신도시에 대형 평수가 많다는 점을 고려해볼 때, 훌륭한 인프라가 갖춰진 미래의 신축 대형 평수를 현재 가격으로 선점할 수 있는 좋은 기회가 될 수 있다.

소규모 아파트도
모여 있으면 괜찮다

소규모 아파트 단지라 하더라도 아파트들이 서로 옹기종기 모여 대단지
처럼 구성되어 있다면 큰 경쟁력이 있다.

소규모 아파트 단지는 최우선 투자 고려 대상에서 제외되는 게
보통이다. 대단지 아파트가 소단지 아파트보다 경쟁력 있기 때문
이다. 대단지 아파트는 매매 시세 상승폭이 더 크고, 수준 높은 커
뮤니티 시설이 있으며, 전반적인 관리비 부담도 적다. 무엇보다 상
대적으로 거래가 활발해 환금성이 좋다. 하지만 때로는 남들이 보
지 못한 곳에서 투자 가치를 발견하게 될 때가 있다. 소규모 아파
트 단지도 경우에 따라서는 주의 깊게 살펴볼 필요가 있다. 틈새
시장을 잘 공략하면 놀라운 수익을 만들어낼 수 있다.

뭉치면 살고
흩어지면 죽는다

    소규모 아파트 단지라 하더라도 아파트들이 서로 옹기종기 모여 대단지처럼 구성되어 있다면 큰 경쟁력이 있다. 대표적인 사례가 바로 강남구 역삼동이다. 선릉역과 한티역 사이에는 여러 개의 소규모 아파트 단지들이 모여 있다.

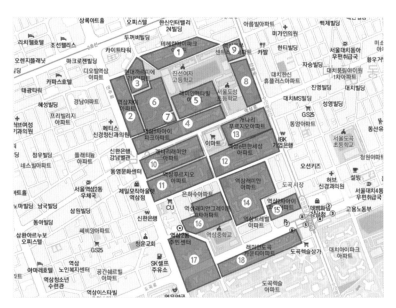

▶ 역삼동 18개 대표 소규모 아파트 단지 위치

역삼동 18개 소규모 단지들

번호	아파트명	세대수	준공	건설사	초등학교 배정
1	테헤란아이파크	411	2014년	현대산업개발	도성초등학교
2	역삼자이	408	2016년	GS건설	도성초등학교
3	현대까르띠에	137	2001년	현대건설	도성초등학교
4	역삼아이파크	541	2006년	현대산업개발	도성초등학교
5	래미안펜타빌	288	2007년	삼성물산	도성초등학교
6	역삼센트럴아이파크	499	2022년	현대산업개발	도성초등학교
7	역삼센트럴2차아이파크	67	2022년	현대산업개발	도성초등학교
8	개나리SK뷰	240	2012년	SK건설	도성초등학교
9	동부센트레빌	206	1998년	동부건설	도성초등학교
10	개나리래미안	438	2006년	삼성물산	도성초등학교
11	역삼푸르지오	738	2006년	대우건설	도성초등학교
12	역삼e편한세상	840	2005년	대림산업	도성초등학교
13	개나리푸르지오	332	2006년	대우건설	도성초등학교
14	역삼래미안	1,050	2005년	삼성물산	도곡초등학교
15	역삼2차아이파크	150	2008년	현대산업개발	도곡초등학교
16	래미안그레이튼3차	476	2009년	삼성물산	도곡초등학교
17	래미안그레이튼2차	464	2010년	삼성물산	도곡초등학교, 대도초등학교
18	래미안도곡카운티	397	2013년	삼성물산	대도초등학교

자료: 네이버 부동산

역삼동 5개 소규모 아파트 단지 시세 비교

아파트명	세대수	2017년 7월	2019년 7월	2021년 7월	상승률
역삼자이	408	132,500	182,500	265,000	100%
개나리래미안	438	126,500	185,000	255,000	102%
역삼e편한세상	840	130,000	181,500	252,500	94%
래미안그레이튼3차	476	125,500	179,000	247,000	97%
개나리푸르지오	332	130,000	180,000	230,000	77%

*단위: 만 원

자료: 국토교통부 실거래가 공개시스템

역삼동 18개 대표 소규모 아파트 단지의 평균 세대수는 426세대에 불과하다. 하지만 이들의 총 세대수는 무려 7,682세대에 달한다. 잠실의 대단지 아파트 단지보다 더 많은 세대수가 모여 있는 것이다. 그럼 이 아파트 단지들의 시세는 어떨까? 밀집도가 시세에도 긍정적인 영향을 미쳤을까? 5개 단지를 무작위로 뽑아 전용면적 84m²의 최근 4년간 KB부동산 시세를 비교해봤다.

이 중 개나리래미안이 가장 좋은 성적을 거뒀다. 2017년 7월 12억 6,500만 원에서 4년 후 25억 5천만 원으로 상승하면서 102%의 상승률을 기록했다. 비교군 가운데 가장 신축 아파트인 역삼자이도 2017년 7월 13억 2,500만 원에서 2년 후 18억 2,500만 원, 다시 2년 후 26억 5천만 원으로 오르면서 4년 사이 100% 상승률을 기록했다. 신축 아파트라는 장점으로 인해 최근 시세는 가장

우리, 아파트 딱 100채만 보러 가보자

높은 것으로 나타났다. 래미안그레이튼3차의 경우 도성초등학교로 배정되는 다른 4개 아파트와 달리 도곡초등학교로 배정을 받지만 시세 상승률에는 큰 차이가 없음을 확인할 수 있다.

이들 아파트의 시세를 보면 미세한 차이는 있지만 함께 움직이는 것을 알 수 있다. 신축 아파트가 시세를 이끌고 나머지 아파트들이 그 뒤를 바짝 뒤쫓는 모양새다. 부동산 규제라는 외부 충격에 잠시 정체기가 있긴 했지만 눈에 띄는 하락 구간은 확인되지 않았다.

투자 가치가 높은
소규모 아파트의 조건

소규모 아파트가 함께 모여 힘을 발휘하기 위해서는 어떤 조건이 전제되어야 할까? 시세가 함께 움직이는 소규모 아파트 단지들은 어떤 공통점이 있을까?

1. 같은 생활권 공유

첫째, 이 아파트들은 같은 생활권을 공유한다. 역삼동 아파트 블록은 가로 약 500m, 세로 약 900m다. 따라서 어느 아파트든 역삼역과 한티역까지 도보로 불과 10분 내외의 차이밖에 나지 않는다. 또한 모든 아파트 단지에서 대형마트, 백화점, 시장을 이용하기에 편리하다.

2. 같은 학군 공유

둘째, 초등학교 학군에서도 큰 차이가 없다. 선릉역 주변의 아파트들은 대부분 도성초등학교로 배정된다. 역삼래미안 주변 아파트의 경우 도곡초등학교로 배정받으며, 래미안그레이튼2차 일부 동과 래미안도곡카운티는 대도초등학교를 다니게 된다. 물론 통학 거리와 초등학교 주변 환경, 그리고 학교 자체의 수업 분위기 등에 따라 선호되는 학군은 달라질 수 있다.

3. 지속적인 공급

셋째, 아파트들이 서로 비슷한 연식이고 중간중간에 시세를 이끄는 신축 아파트가 지속적으로 공급되었다. 6개 단지가 2005~2006년에 집중적으로 지어졌고, 이후 2007년 하반기부터 2010년 상반기 사이에 4개 단지가 순차적으로 입주를 마쳤다. 그리고 2012년, 2013년, 2014년, 2016년에 각각 한 단지씩 신축 아파트가 들어섰다. 그리고 2022년에 2개의 신축 아파트가 들어설 예정이다. 4~5년마다 신축 아파트가 지속적으로 공급되면서

우리, 아파트 딱 100채만 보러 가보자

자칫 정체될 수 있는 아파트 시세에 새로운 활기를 불러일으키고 있는 것이다.

4. 아파트 블록 형성

넷째, 단지들 사이에 일반 주택 등으로 단절되는 구간 없이 커다란 아파트 블록으로 연결되어 있다. 소규모 단지들이 서로 상당한 거리를 두고 떨어져 있으면 '나홀로 아파트'에 그치고 말 것이다. 하지만 역삼동 아파트들은 서로 경계를 맞대고 있을 정도로 인접하기에 단지들이 연속되는 느낌이 강하다. 게다가 6개의 래미안 브랜드, 5개의 아이파크 브랜드가 공급되면서 브랜드 타운의 모습을 갖추고 있다.

대단지 바로 옆의
소단지를 주목하라

대단지 아파트에 인접한 소규모 세대의 아파트는 대단지의 시세를 따라
가는 모습을 보였다.

2015년이었다. 서초구 잠원동의 유망함에 매력을 느낀 필자는 투자를 결심했고 여러 물건을 분석했다. 하지만 잠원동의 신반포 아파트들은 대부분 300세대 미만이었고, 훗날 재건축이 진행된다고 해도 세대수가 많지 않아 큰 수익을 내기 힘들어 보였다. 아파트 투자는 무조건 대단지로 해야 한다는 편견이 있었기에 쉽사리 결정을 내리지 못했다. '편견'만큼 얻기는 쉽지만 버리기에는 어려운 것이 없다고 했던가. 투자의 세계에서 바로 이 편견을 버리는 것이 얼마나 중요한지를 잠원동에서 깨달았다.

우리, 아파트 딱 100채만 보러 가보자

대단지 옆 소단지에
주목해야 하는 이유

소규모 단지들 중에서 특히 주목해야 하는 단지는 바로 대단지 아파트 바로 옆에 붙어 있는 아파트다. 이러한 소단지 아파트의 특징과 장점을 알아보고, 대단지 아파트와 어떤 식으로 영향을 주고받는지 살펴보자.

먼저 대치동에는 1,608세대를 구성하고 있는 래미안대치팰리스가 있다. 3호선 대치역 초역세권에 위치한 래미안대치팰리스는

▶ 대치삼성1차, 대치SK뷰, 래미안대치팰리스, 은마 위치

이 지역의 랜드마크 아파트로서 많은 인기를 누리고 있다. 그런데 래미안대치팰리스 바로 옆에는 2017년에 준공된 239세대의 대치SK뷰가 있다. 대치SK뷰는 북쪽으로는 960세대의 대치삼성1차, 동쪽으로는 4,424세대의 은마, 남쪽과 서쪽으로는 래미안대치팰리스로 둘러싸여 있다.

대단지(래미안대치팰리스) 바로 옆에 위치한 소단지(대치SK뷰)에 주목해야 하는 이유는 시세가 연동되기 때문이다. 그럼 대치 SK뷰의 시세도 래미안대치팰리스와 연동될까? 래미안대치팰리스의 2021년 7월 전용면적 84m² 물건의 시세는 31억 2,500만 원이었다. 3년 전인 2018년 7월 23억 1천만 원에 비하면 35%(8억 1,500만 원) 상승한 값이다. 한편 같은 기간 대치SK뷰 전용면적 84m² 물건의 시세는 19억 2,500만 원에서 28억 2,500만 원으로 9억 원 상승했다. 상승률은 무려 46%에 달한다. 물론 소단지는 단점도 많고 한계가 분명하다. 아파트 연식이 약 2년 더 빠르지만 래미안대치팰리스의 전반적인 시세가 더 높게 형성되어 있는 이유다. 하지만 대치SK뷰는 일정한 차이를 두고 바로 인접한 대단지의 시세를 따라가고 있다.

이번에는 성동구로 가보자. 3호선 금호역 앞에는 e편한세상 옥수파크힐스가 있다. 2016년에 지어진 총 1,218세대, 25개 동의 대단지 아파트다. 2018년 7월 전용면적 84m² 물건의 KB부

우리, 아파트 딱 100채만 보러 가보자

▶ e편한세상옥수파크힐스, 래미안옥수리버젠, 금호브라운스톤1차 위치

e편한세상옥스파크힐스, 래미안옥수리버젠, 금호브라운스톤1차 가격 비교

아파트	세대수	2018년 7월	2021년 7월	상승률
e편한세상옥스파크힐스	1,218	12억 2,500만 원	17억 9,500만 원	46.5%
래미안옥수리버젠	1,511	12억 8,500만 원	18억 2,500만 원	42%
금호브라운스톤1차	217	8억 원	14억 500만 원	75.6%

자료: KB부동산

동산 일반평균가는 12억 2,500만 원이었는데, 3년 후에는 17억 9,500만 원까지 상승했다. 5억 7천만 원 오르면서 상승률 46.5%를 기록했다. e편한세상옥수파크힐스 남쪽으로는 래미안옥수리버젠이 있다. 1,511세대 규모로 2012년에 입주를 시작했다. 같은 기간 전용면적 84m² 물건의 KB부동산 일반평균가는 12억 8,500만

원에서 18억 2,500만 원으로 5억 4천만 원 상승했다.

한편 이들 대단지와 맞닿은 곳에 금호브라운스톤1차가 자리를 잡고 있다. 2007년에 준공된 217세대의 작은 단지지만 이 아파트의 시세 변화는 결코 작지만은 않다. 이 아파트 전용면적 84m²의 2018년 7월 KB부동산 일반평균가는 8억 원이었다. 하지만 3년이 지난 2021년 7월에는 14억 500만 원으로 6억 500만 원이 올랐다. 대단지 래미안옥수리버젠의 상승률보다 1.8배나 더 높은 75.6% 상승한 것이다. 게다가 금호브라운스톤1차의 준공연도는 2007년이다. e편한세상옥수파크힐스에 비해 9년이나 먼저 지어졌고, 래미안옥수리버젠보다는 5년이나 더 오래되었다. 세대수가 적고 더 오래된 아파트임에도 불구하고 인접한 대단지의 시세를 따라서 꾸준하게 함께 상승한 것이다. 또 아파트 간 시세 차이의 폭에도 변화가 있었다. 2018년 금호브라운스톤1차의 KB부동산 일반평균가는 e편한세상옥스파크힐스 시세의 65% 수준이었다. 하지만 2021년에는 그 격차가 78%로 줄어들었다.

이렇듯 연식이 비슷하거나 심지어 더 오래된 아파트임에도 불구하고 대단지 아파트에 인접한 소규모 세대의 아파트는 대단지의 시세를 따라가는 모습을 보였다. 그럼 앞으로 어떤 대단지 아파트 주변을 살펴봐야 할까? 2022년에 입주 예정인 수도권의 대표적인 대단지 아파트 중 일부는 다음과 같다.

2022년 입주 예정인 수도권 대단지 아파트

입주 시기	지역	단지명	세대수
1월	서울시 광진구 화양동	e편한세상광진그랜드파크	730
	서울시 성북구 길음동	롯데캐슬클라시아	2,029
	서울시 송파구 거여동	송파시그니처롯데캐슬	1,945
	경기도 남양주 진접읍	남양주부평2지구 서희스타힐스	1,266
	경기도 하남시 학암동	위례신도시우미린1차	875
	경기도 파주시 다율동	운정신도시파크푸르지오	710
2월	서울시 송파구 거여동	호반써밋송파2차	700
	경기도 부천시 중동	힐스테이트중동	999
	경기도 광주시 초월읍	쌍용더플래티넘광주	873
	경기도 고양시 일산동구 식사동	일산자이3차	1,333
	경기도 김포시 금정동	힐스테이트금정역	843
3월	서울시 은평구 증산동	DMC센트럴자이	1,388
	서울시 영등포구 신길동	더샵파크프레스티지	799
	경기도 광명시 철산동	철산역롯데캐슬&SK뷰 클래스티지	708
4월	경기도 화성시 기안동	화성 우방아이유쉘메가시티1단지	737
5월	경기도 양주시 옥정동	양주옥정신도시 중흥S클래스센텀시티	849
	경기도 파주시 동패동	파주운정신도시중흥S클래스	1,262
	경기도 평택시 지제동	지제역더센트럴시티	1,999
6월	경기도 남양주시 평내동	e편한세상평내	1,108

7월	경기도 광주시 오포읍	오포더샵센트럴포레	1,396
	경기도 수원시 팔달구 매교동	매교역푸르지오SK뷰	3,482
	경기도 의정부시 의정부동	의정부역 센트럴자이&위브캐슬	2,323
8월	서울시 동대문구 용두동	래미안엘리니티	1,048
	경기도 수원시 팔달구 교동	힐스테이트푸르지오수원	2,587
9월	서울시 관악구 신림동	힐스테이트관악뉴포레	1,143
	경기도 성남시 중원구 중앙동	신흥역하늘채랜더스원	1,999
	경기도 화성시 남양읍	화성시청역 서희스타힐스1단지	1,131
	경기도 화성시 남양읍	화성시청역 서희스타힐스2단지	1,005
	경기도 화성시 남양읍	화성시청역 서희스타힐스3단지	847
10월	서울시 서대문구 홍제동	서대문푸르지오센트럴파크	832
11월	경기도 성남시 중원구 금광동	e편한세상금빛그랑메종	4,412
	경기도 양주시 옥정동	양주옥정신도시대성베르힐	804
	경기도 화성시 반월동	신동탄롯데캐슬나노시티	999

우리, 아파트 딱 100채만 보러 가보자

연식에 따라
달라지는 투자 전략

직면한 상황을 객관적으로 분석한 후 사실에 근거한 합리적인 상상력을
발휘해 한발 앞선 투자가 필요하다.

'강남권 재건축 아파트값 상승률, 12·19 대책 이후 최고'

'재건축이 상승 주도… 서울 아파트값 1년 반 만에 최대 상승'

'신고가 받아줄게 팔아라… 아파트 몸값 다시 쑥'

'재건축 기대감에 서울 노후 아파트값 들썩'

강남 재건축 아파트의 시세 상승폭이 심상치 않다는 기사가 연
일 보도되던 때였다. 대체할 수 없는 입지에 학군도 잘 갖춰진 곳
이라서 재건축만 되면 가장 훌륭한 투자가 될 것이라는 생각에 필

자 역시 투자를 결심했다. 그런데 얼마 지나지 않아서 재건축 아파트에 대한 규제 소식이 들리기 시작했다. 만약 이러한 규제 일변도의 상황 속에서 재건축 아파트 투자를 고집했다면 어떻게 되었을까? 아마 기대만큼 수익이 나지 않았을 것이다.

재건축 규제가 심화되면
어떻게 대응해야 할까?

재건축 아파트를 대표하는 송파구 잠실동 잠실주공5단지의 최근 시세 변화를 보면 투자 시기와 규제에 따라 성과에 큰 차이가 발생할 수 있음을 알 수 있다. 종부세 추가 과세, 대출 규제가 핵심인 2018년 9·13 대책 이후 꾸준히 오르던 시세는 급격한 하락세를 보였다. 이후 서서히 회복하다가 2019년 12·16 대책으로 시가 15억 원 초과 아파트에 대한 주택담보대출을 금지하면서 다시 하락하기 시작했다.

이처럼 재건축 아파트는 부동산 정책 등의 외부 요인에 의해 시세의 등락이 심하다. 재건축 진행 속도도 기대보다 느리게 진행될 수 있기 때문에 투자 시기에 따라서 투자 성과에 큰 차이가 발생한다. 재건축 아파트에 대한 규제가 심해지면 시장에서는 자연

잠실주공5단지 시세 추이

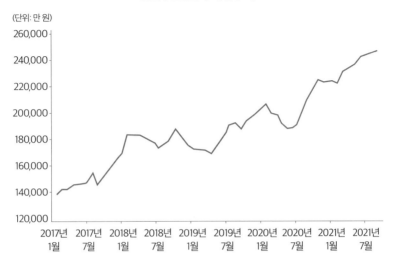

(단위: 만 원)

자료: KB부동산

스럽게 신축 아파트에 대한 관심이 커지기 시작한다. 이 무렵에는 이런 기사가 등장한다.

'신축-구축 아파트값 3년 새 4배 벌어져'

'서울 신축 아파트 평균가격 16억… 구축과 격차 더 벌어졌다'

'좁혀지지 않는 구축과 신축 사이… 집값 격차 4배'

이처럼 신축 아파트와 구축 아파트의 가격 차이가 커지고 있다는 내용의 기사가 등장한다. 각종 규제로 재건축·재개발 사업의

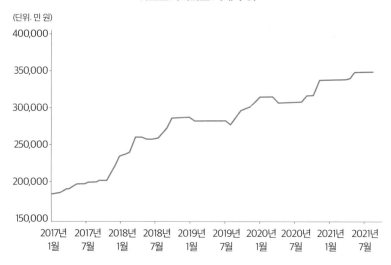

아크로리버파크 시세 추이

(단위: 만 원)

자료: KB부동산

진척이 느려지고, 아파트 노후도가 갈수록 심화되면서 새 아파트 선호 현상이 확산된 것이다. 아무래도 시간이 오래 걸리는 재건축 아파트보다는 당장 살기에도 편하고 인기도 많은 신축 아파트가 더 나은 투자처로 보이기 마련이다.

신축 아파트를 대표하는 서초구 반포동의 아크로리버파크 전용면적 84m² 시세를 살펴보자. 전반적인 매매 시세는 꾸준하게 상승하고 있는 모습이다. 각종 부동산 규제에 따라 크게 흔들리는 모습을 보이지 않는 것을 확인할 수 있다.

이후 서울 인기 지역에서 신축 아파트 공급이 부족해지면 시장

우리, 아파트 딱 100채만 보러 가보자

잠실엘스 시세 추이

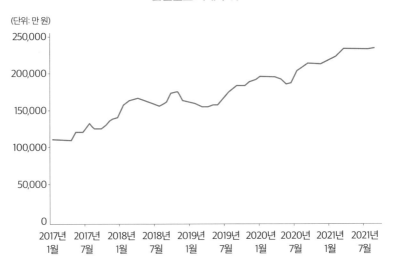

(단위: 만 원)

자료: KB부동산

의 수요는 다른 곳을 향하게 된다. 바로 입지가 좋고 지하주차장이나 커뮤니티 시설이 잘 갖춰진 준공 10년 전후의 기축 아파트다. 입주 10년 전후의 기축 아파트는 신축 아파트와 가장 유사한 환경을 제공하고, 신축 아파트에 비해 상대적으로 저렴하다는 장점이 있다.

기축 아파트를 대표하는 잠실엘스 전용면적 84m²의 시세 추이를 보자. 부동산 규제로 인해 소폭 하락하는 구간이 있었지만 빠르게 회복되어 꾸준히 상승하는 모습을 볼 수 있다.

한편 준공 25년 이상의 구축 아파트는 어떨까? 좋은 입지에 위

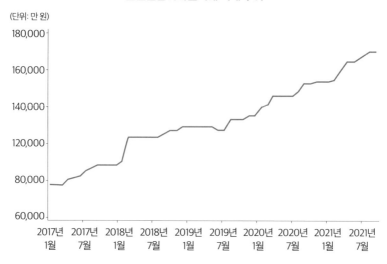

논현신동아파밀리에 시세 추이

(단위: 만 원)

자료: KB부동산

치해 있다 하더라도 연식이 오래된 구축 아파트는 우선순위에서 밀릴 수밖에 없다. 해당 아파트의 가치 상승에 대한 확실한 비전이 부족하기 때문이다. 한동안 재건축 아파트가 인기를 끌고 이어서 신축 아파트와 기축 아파트에 대한 수요가 높아지는 동안, 이러한 구축 아파트는 서서히 재건축 연한인 30년을 채워간다. 그렇게 시간이 흘러 주거 환경 개선과 주택 공급량 증가를 위해 개발 규제가 완화되면 구축 아파트는 재건축 대상 아파트로 변신해 새로운 국면을 맞이한다.

강남구 논현동에 위치한 논현신동아파밀리에는 20여 년 전

우리, 아파트 딱 100채만 보러 가보자

인 1997년에 준공되었다. 3호선 신사역과는 불과 약 300m 떨어
진 역세권 아파트고, 아파트 바로 옆에 학동근린공원이 있다는 장
점도 있다. 아직까지 재건축 또는 리모델링 사업에 대해 논의되
고 있는 바가 없어 투자자 입장에서는 그저 오래된 아파트로만 여
겨질 수 있다. 하지만 이 아파트의 시세 변화를 살펴보자. 각종 부
동산 규제에 전혀 영향을 받지 않고 꾸준하게 상승하고 있음을 알
수 있다.

스스로 기준을 세워
시장의 방향을 예측해보자

필자의 주변에 개포동 대치2단지와 수서 까치마을을 함께 보
유한 지인이 있다. 리모델링 사업을 염두에 두고 한 채는 실거주
를 위해, 다른 한 채는 투자용으로 매수했다고 한다. 아파트 리모
델링 사업이 순조롭게 진행된다면 두 아파트에서 모두 큰 수익을
얻을 것으로 기대하고 있다. 하지만 최근에 정부에서 '1기 신도시
리모델링 활성화 사업'을 추진하지 않기로 했다는 소식이 전해지
면서 고민이 깊어졌다. 리모델링 사업의 수익성을 결정하게 될 수
직 증축과 내력벽 철거가 불투명해지면서 기대만큼 수익을 내기

어려워진 것이다. 투자에는 언제나 '기회비용'이라는 것이 존재하기 때문에 앞으로 어떻게 할지 투자 방향에 대한 고민이 많아졌다고 한다.

한편 수년 전에 광명 재개발 구역에 투자해 신축 아파트를 배정받아 입주를 기다리고 있는 지인이 있다. 약간의 여유 자금이 생기자 최근에 의정부시 가능동에 있는 의정부SK뷰 아파트를 추가로 매수했다. 3억 원 중반에 매수한 아파트는 수개월 만에 실거래가 4억 원을 기록했다. 이제 같은 면적의 매물 호가는 4억 5천만 원을 넘어서고 있다. 어느덧 해당 평형의 전세 시세가 이 아파트를 매수한 금액의 90%에 이르렀고, 머지않아 투자금 전부를 회수할 수 있게 될 것으로 보인다. 의정부역에 정차하는 GTX-C 노선이 투자를 결심한 결정적인 배경이었다고 한다. 신축 아파트와 주변 개발 호재를 품은 구축 아파트로의 분산 투자를 통해 최대의 수익을 기대할 수 있게 되었다.

투자자로서 규제와 정책의 방향을 거스를 수는 없다. 직면한 상황을 객관적으로 분석한 후 사실에 근거한 합리적인 상상력을 발휘해 한발 앞선 투자가 필요하다. 또한 투자 시장은 생물처럼 살아있기에 매우 민첩하고 끊임없이 변화한다는 것을 항상 염두에 둬야 한다. 어떠한 상품이 기대수익에 조금이라도 미치지 못하면 시장은 곧바로 더욱 매력적인 상품에 주의를 돌리고 만다. 현재 부동산 시장의 방향이 어디를 향하고 있는지 스스로의 기준을 통해 바라볼 수 있어야 한다.

- 경사지에 위치한 아파트의 경우 차량이나 지하철로의 접근성이 평지에 지어진 아파트보다 다소 떨어지기 때문에 자연스럽게 시세 차이가 발생한다.
- 저층은 1층 아파트가 꼭 필요한 어린아이, 고령자를 동반한 가족이 아니라면 실수요가 부족하기에 환금성 문제가 생길 수 있다.
- 향의 선호도는 보통 '남향 > 동향 > 서향 > 북향' 순이다.
- 조망권이 역세권 혹은 생활 편의성 등의 조건과 상충된다면 뷰를 포기하는 것이 낫다.
- 아파트 세대수는 거래량과 비례하기 때문에 자연스럽게 매매 시세에도 영향을 미친다.
- 커뮤니티 시설의 차이는 시세에도 영향을 미친다.

- 아파트 단지의 평형대 구성을 확인해야 하는 이유는 평형대 구성에 따라 시세 상승폭이 다르기 때문이다.
- 대형 평형은 상대적으로 가성비가 준수하고, 시세 상승률이 꾸준하고, 대지지분이 넉넉하다는 장점이 있다.
- 소규모 아파트 단지라 하더라도 아파트들이 서로 옹기종기 모여 대단지처럼 구성되어 있다면 큰 경쟁력이 있다.
- 소규모 단지들 중에서 특히 주목해야 하는 단지는 바로 대단지 아파트 바로 옆에 붙어 있는 아파트다.
- 어떠한 상품이 기대수익에 조금이라도 미치지 못하면 시장은 곧바로 더욱 매력적인 상품에 주의를 돌리고 만다.

3장

외부 요인:
황금입지가 시세를 만든다

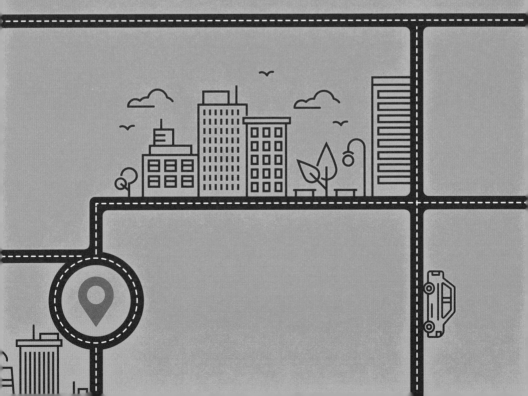

지하철역은 최고의 입지다

지하철역과 얼마나 가까운지에 따라서 시세 차이가 나기 때문에 개별 동의 입지도 세심하게 살펴봐야 한다.

과거 소위 '비역세권 아파트'라 불리는 물건을 저렴하다는 이유로 매수한 적이 있다. 해당 아파트와 지하철역까지의 거리는 정확히 도보 15분이었다. 아파트 단지를 출발해서 구불구불한 골목길을 내려가 횡단보도를 건너고 다시 좁은 인도를 걸어가면 3호선 지하철역이 보였다. 지하철역을 오가니 땀에 흠뻑 젖어 셔츠가 등에 달라붙을 정도였다. 지하철역과 거리가 멀었지만 매수를 결심한 이유는 근처 역세권 아파트보다 1억 원이나 더 저렴했기 때문이었다. 첫 번째 투자였고, 무리하게 대출을 받고 싶지 않은 마

음도 있었다. 하지만 수년 뒤 역세권 아파트와 비역세권 아파트의
가격 차이는 2억 원 이상 벌어졌다.

하루 지하철 이용객수가 1천만 명을 넘을 정도로 대한민국에
서 지하철은 우리 생활과 밀접한 관련이 있다. 지하철역에 가까운
'역세권 아파트'가 주목을 받는 이유다. 그럼 역세권 아파트와 비
역세권 아파트의 가격 차이는 어느 정도일까? 같은 단지 안에서도
역세권인 동과 그렇지 않은 동의 가격 차이도 발생할까?

역세권 아파트 vs.
비역세권 아파트

4호선 길음역에서 지하철을 타면 서울역까지 18분, 사당역까
지 34분밖에 걸리지 않는다. 기업체가 밀집한 을지로, 명동, 용산,
사당 등으로 출퇴근하기에 유리해 여러모로 입지 가치가 뛰어난
곳이다. 이 길음역에서 불과 200m 떨어진 곳에 길음래미안1단지
가 있다. 2003년에 준공된 1,125세대 대단지 아파트로 전용면적
84m² 매물이 2021년 8월에 11억 4천만 원에 거래되었다.

길음역에서 한 정거장을 더 가면 미아사거리역이 나온다.
이 미아사거리역에서 약 600m 떨어진 곳에 2003년에 지어진

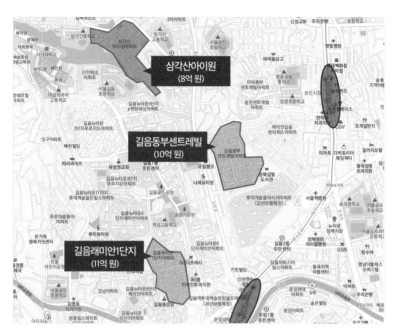

▶ 삼각산아이원, 길음동부센트레빌, 길음래미안1단지 위치

1,377세대 길음동부센트레빌이 있다. 아파트 입구에서 지하철역까지 걸어서 약 10분이 걸린다. 2021년 9월에 전용면적 84m² 매물이 10억 9천만 원에 거래되었다.

한편 미아사거리역에서 걸어서 20분가량 떨어진 거리에 삼각산아이원이 있다. 1,344세대의 대단지 아파트로 길음래미안1단지, 길음동부센트레빌과 마찬가지로 2003년에 준공되었다. 2021년 8월 삼각산아이원 전용면적 84m² 매물은 8억 5천만 원에 거래되었다. 같은 대단지이고 준공연도도 동일하지만 인근에 위치한 4호선 역세권 아파트 길음래미안1단지에 비해 무려 3억 원이나 낮은 금액으로 매매가 이뤄졌다. 역세권 여부로 가치의 격차가 크게 벌어진 것이다.

삼각산아이원 북쪽으로 약 1km 떨어진 곳에는 경전철역인 솔샘역과 삼양사거리역이 있다. 하지만 배차 간격이나 승강장까지의 이동시간을 고려하면 오히려 버스로 4호선역까지 가는 것이 더 빠르고 편하다. 단지 입구에서 마을버스를 타면 15분 만에 미아사거리역까지 갈 수 있기 때문이다. 실제로 우이신설 경전철은 2017년 개통 후 5년여간 하루 평균 이용객수가 7만 1,500여 명에 그칠 정도로 이용률이 낮다.

1호선과 4호선을 이용할 수 있는 창동역에서 한 정거장을 더 가면 1호선 방학역이 있다. 도봉구 방학동에 있는 489세대 벽산1차는 방학역과 약 1.6km 떨어져 있어 지하철역까지 도보로 약 25분, 버스를 이용할 경우 약 13분이 소요된다. 이 아파트의 전용면적 84m^2 물건은 2021년 4월에 5억 6천만 원에 거래되었다. 이 아파트와 가까운 곳에는 1996년에 준공된 258세대 성원 아파트가 있다. 방학역과 약 1.1km 떨어졌기 때문에 도보로는 약 17분, 버스로는 약 10분 이내에 지하철역에 도착할 수 있다. 2021년 2월 전용면적 84m^2 물건은 6억 500만 원에 거래되었다.

한편 방학역에서 불과 200m도 떨어지지 않은 곳에는 방학삼

방학삼성래미안1단지, 벽산1차, 성원 가격 비교

아파트명	지하철역까지의 거리	실거래가(전용면적 84m²)	시세 차이
방학삼성래미안1단지	지하철 역세권	9억 7천만 원 (2021년 4월)	기준
벽산1차	도보 25분, 버스 13분	5억 6천만 원 (2021년 4월)	-4억 1천만 원
성원	도보 17분, 버스 10분	6억 500만 원 (2021년 2월)	-3억 6,500만 원

자료: 국토교통부 실거래가 공개시스템

성래미안1단지가 있다. 앞선 두 아파트와 비교하면 초역세권이라
고 불리기에 충분한 위치다. 전용면적 84m² 물건의 실거래가는
2021년 4월 9억 7천만 원을 기록했다. 현재 매물은 11억 원을 호
가한다. 공급면적은 122m², 즉 37평형이지만 전용면적은 위의 두
아파트와 같은 84m²다. 연식과 단지 규모에서 차이가 나기는 하
지만 역세권 아파트가 비역세권 아파트보다 173% 더 비싸게 거
래되고 있음을 확인할 수 있다.

그럼 역세권 단지면 다 똑같이 비싸게 거래되는 걸까? 아니다.
단지 수가 많은 매머드급 대단지 아파트라면 이야기가 조금 달라
진다. 헬리오시티(9,510세대), 잠실파크리오(6,864세대), 올림픽선
수기자촌(5,540세대), 고덕그라시움(4,932세대), 은마(4,424세대)처
럼 규모가 큰 매머드급 대단지 아파트는 단지별로 지하철역까지

의 거리가 상이하다. 따라서 이런 대단지 아파트에서는 지하철역과 가까운 동과 그렇지 않은 동의 시세 차이가 존재한다.

같은 역세권 단지도
일급지는 따로 있다

예를 들어 중구 신당동에 위치한 5,150세대 남산타운은 총 42개 동으로 구성된 대단지 아파트다. 6호선 버티고개역과 비교적 가까운 6동과 7동의 경우 전용면적 84m² 매물이 2021년 5~6월 사이에 각각 15억 3천만 원, 15억 7천만 원에 거래되었다. 하지만 지하철역과 거리가 먼 26동은 같은 기간 12억 9천만 원, 13억 원에 거래되었다. 6호선 버티고개역을 이용할 경우 26동은 지하철역까지 약 700m의 경사지를 10분 이상 걸어서 올라가야 한다. 3호선과 6호선을 이용할 수 있는 약수역에서 내릴 경우에도 상황은 비슷하다. 바로 이 약 700m의 경사지가 시세에 반영된 것으로 보인다.

9,510세대 국내 최대 규모 대단지 아파트인 송파구 헬리오시티의 경우 아파트 단지 왼쪽부터 오른쪽 끝까지 약 930m에 이른다. 아파트 단지 우측에 위치한 4단지와 5단지는 8호선 송파역을

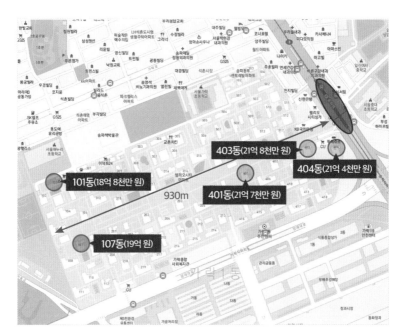

▶ 헬리오시티 동별 위치

쉽게 이용할 수 있지만 단지 왼쪽에 위치한 1단지는 지하철역까지 약 15분을 걸어가야 한다. 지하철역까지의 거리 차이는 단지별 매매 시세에도 반영되었다.

　2021년 2월 4단지 401동 23층 매물은 21억 7천만 원에 거래된 반면, 다음 달인 2021년 3월 1단지 107동 24층 물건은 2억 7천만 원이나 낮은 19억 원에 거래되었다. 그다음 달인 4월에는 101동 9층이 이보다 2천만 원 더 낮은 18억 8천만 원에 매매되었다. 한편 2021년 4월 4단지 404동 13층 물건은 21억 4천만 원에 거래되었고, 5월에는 403동 9층 물건이 21억 8천만 원에 거래되었다. 역세권인 4단지 시세와 비역세권인 1단지의 실거래 차이가 최대 3억 원까지 벌어졌다.

역세권 아파트는 출퇴근, 등하교 등 일상에서의 편의성이 좋아 주거 만족도가 높다. 다른 지역으로의 이동이 수월하고, 지하철역 주변으로 형성되는 편의시설을 이용하기에도 좋다. 같은 역세권 입지의 아파트라고 해도 지하철역과 얼마나 가까운지에 따라서 시세 차이가 나기 때문에 개별 동의 입지도 세심하게 살펴봐야 한다.

우리, 아파트 딱 100채만 보러 가보자

주거 지역에 아파트만 있으면 안 된다

내가 직접 거주하기에 편리하다면 당연히 임차인 입장에서도 생활하기 훌륭한 아파트일 것이다.

현명한 투자자는 투자용으로 아파트 매수를 고려할 때도 실거주를 염두에 두고 접근한다. 내가 직접 거주할 계획이 없다고 생각하는 순간 아파트 주변의 일상적인 편의시설을 놓칠 수 있기 때문이다.

내가 직접 거주하기에 편리하다면 당연히 임차인 입장에서도 생활하기 훌륭한 아파트일 것이다. 즉 수요가 풍부한 아파트일수록 투자 리스크를 줄일 수 있다. 실거주자의 눈으로 아파트 주변을 바라봐야 하는 이유다.

아파트라고 해서 집 안에서의 생활만 생각하면 안 된다. 물론 코로나19로 집에 머물러야 하는 시간이 늘어나기는 했지만 항상 아파트에만 있을 수는 없는 노릇이다.

마트나 시장에 가서 필요한 생필품도 사야 하고, 아이들 학원도 보내야 한다. 건강을 위해 운동시설도 알아봐야 하고, 휴식을 위해 자연 환경도 찾게 된다. 또 때로는 큰 병원에 갈 일도 생긴다. 따라서 주거 지역이 기본적으로 갖춰야 할 요소를 잘 점검할 수 있다면 아파트의 가치를 판단하기 용이해진다.

주거 지역의 가치를 높이는 다섯 가지 필수 요소

1. 학교

먼저 살펴볼 내용은 학교다. 초등학교는 기본적으로 동네마다 있다고 봐도 과언이 아니다. 그 이유는 「도시·군계획시설의 결정·구조 및 설치기준에 관한 규칙」 제89조에서 찾을 수 있다. 초등학교는 2개 근린주거구역 단위에 1개의 비율로 배치되어야 하며, 중·고등학교는 3개 근린주거구역 단위에 1개의 비율로 배치되어야 한다.

여기서 근린주거구역의 범위는 이미 개발된 지역의 경우에는 개발 현황에 따라 정하고, 재개발·재건축 구역같이 새로이 개발되는 지역은 2천 세대 내지 3천 세대를 1개 단위로 한다. 즉 2천 ~3천 세대 아파트가 지어질 경우 주변에 초등학교 1개가 새로 생긴다고 볼 수 있다. 특히 초등학교는 학생들이 안전하고 편리하게 통학할 수 있도록 통학 거리를 1,500m 이내로 해야 한다고 명시되어 있다. 인구가 많거나 아파트가 밀집된 지역에 초등학교가 많은 이유다.

하지만 중학교는 3개의 근린주거구역 단위에 1개의 비율로 배치되기 때문에 집에서 다소 먼 거리에 배정될 수 있다. 일부 지역에서는 좀 더 편리한 통학을 위해 중학교 인근 아파트로 이사를 가는 일이 빈번하게 발생한다. 개학 시기에 맞춰 집을 팔아야 하기 때문에 새학기 전에는 언제나 급매 물건이 등장하고, 결국 아파트 시세에도 영향을 미친다. 따라서 초등학교는 기본이고, 아파트 단지 주변에 도보로 통학 가능한 중학교도 자리 잡고 있는지 살펴봐야 한다.

다음의 지도는 무작위로 선택한 중계동과 상계동 일부 지역이다. 가로 2.3km, 세로 1.3km의 작은 지역임에도 불구하고 초등학교, 중학교가 12곳이나 된다. 지도에서 빨간색 표시는 초등학교를 나타내고, 파란색 표시는 중학교를 나타낸다. 초등학교는 8개나

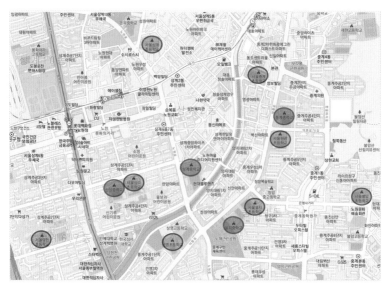

▶ 중계동과 상계동 일부 지역 초등학교, 중학교 위치

되는 데 비해 중학교는 4개밖에 보이지 않는다. 자녀가 초등학교 저학년이라면 중학교 배정까지 고려하는 것이 쉽지 않겠지만, 중학교의 위치도 아파트 매수를 결정함에 있어서 충분히 고려해 볼 만한 사항이다.

2. 편의시설

두 번째로 아파트 주변에 전통시장, 대형마트, 영화관, 쇼핑몰 등 일상과 밀접한 편의시설이 있는지 확인해야 한다. 대형마트와 쇼핑몰의 경우 기본 판매시설뿐만 아니라 대형서점, 카페, 음식점,

우리, 아파트 딱 100채만 보러 가보자

▶ 스타필드와 삼송아이파크2차 위치

문화센터, 키즈카페, 반려동물센터 등 다양한 업종이 함께 들어오기 때문에 주거 편의성이 높아진다. 차량 정체와 복잡한 주차에서 오는 스트레스를 피할 수 있을 뿐만 아니라, 편의시설 주변으로 상권이 발달하고 인구가 유입되는 효과를 기대할 수 있다. 사람이 많이 모이면 그만큼 상업시설은 더욱 발달하게 되고, 이러한 순환 구조야말로 주변 지가를 상승시키는 직접적인 요인이 된다.

2017년 8월 지하철 3호선 삼송역 인근에 스타필드가 오픈했다. 축구장 50개 넓이에 달하는 36만 4천m² 규모 내부에는 100여 개 맛집과 560여 개 쇼핑 브랜드가 들어섰다. 스타필드에서 약 400m 떨어진 곳에는 삼송아이파크2차가 있는데, 입주 초기 2015년에는 4억 6,500만 원에 거래되었지만 스타필드 오픈 이후 2017년 10월에는 6억 3,300만 원에 거래되었다. 대형 쇼핑몰의 등장으로 생활의 불편함이 해소되자 주변 아파트 시세가 상승한 것이다.

한국부동산원에서 2018년에 발표한 〈대형 복합쇼핑센터가 주변 아파트 가격에 미치는 영향〉이라는 제목의 학술지에는 흥미로운 연구 결과가 담겨 있다. 스타필드 하남의 경우 복합쇼핑센터와의 거리가 1m 멀어질수록 아파트 가격이 $3.3m^2$당 280원 감소하는 것으로 분석되었다. 성인 걸음으로 거리가 1분 늘어나면 $3.3m^2$당 집값이 2만 2,400원씩 감소하는 것이다. 또한 쇼핑몰 오픈에 따른 아파트 실거래가 영향 범위는 반경 약 2km로 분석되었다. 이 학술지에 따르면 반경 2km 안에 대형 편의시설이 있거나 설립 계획이 있는 아파트를 주목할 필요가 있다.

3. 의료시설

세 번째는 의료시설이다. 특히 대학병원과 같은 3차 의료기관이 아파트 주변에 있다면 장점이 많다. 나이가 들수록 건강에 대해 누구도 확신할 수 없기 때문이다. 설사 지금 건강에 문제가 없다 하더라도 위급한 순간에 언제든지 달려갈 수 있는 대학병원이

주요 대학병원과 주변 대표 아파트

대학병원	주변 대표 아파트
경희대병원	신현대, 회기힐스테이트
고려대병원	래미안안암, 안암골벽산
서울대병원	명륜아남1~3단지
서울성모병원	래미안퍼스티지, 반포자이, 반포미도
신촌세브란스병원	신촌그랑자이, e편한세상신촌, 신촌숲아이파크
아산병원	잠실파크리오, 잠실올림픽공원아이파크, 한강극동
이대목동병원	목동신시가지1~6단지
중앙대병원	아크로리버하임, 롯데캐슬에듀포레, 흑석한강센트레빌
한양대병원	서울숲리버뷰자이, 서울숲더샵, 서울숲삼부

근처에 존재한다는 것만으로도 큰 위안이 된다.

대학병원에는 진료를 위한 시설뿐만 아니라 암센터, 치매연구센터, 장기이식연구소 등 연구시설도 함께 들어선다. 따라서 지역내 고용 창출 효과가 크고, 지역민들의 삶의 수준도 높아진다. 의사, 간호사, 병원 관계자 등에서 발생하는 임대차 수요도 크다. 안정적인 임대차 시장이 형성됨에 따라 투자 리스크도 낮아진다. 꼭 대학병원이 아니더라도 응급실이 있는 2차 의료기관급 병원이 아파트에서 차로 5분 이내 거리에 도달할 수 있는지 점검해볼 필요가 있다.

향후 대학병원이 새롭게 건립되는 지역에 관심을 두는 것도 도움이 된다. 경기도 시흥시 정왕동에는 총 800병상 규모의 배곧서울대병원이 2026년 완공을 목표로 설립될 예정이다. 경기도 광명시 일직동에는 2022년 개원을 목표로 700병상 규모의 중앙대광명병원이 건립 중이다. 서울아산병원은 청라의료복합타운에 약 800병상 규모로 병원을 설립한다. 연세대의료원은 인천 송도에 있는 연세대 국제캠퍼스 부지에 1천 병상 규모의 송도세브란스병원을 건립한다. 을지대병원은 최근 경기도 의정부에 902병상을 갖춘 의정부을지대병원을 개원했다. 한양대병원은 경기도 안산에 분원 설립을 추진 중이다. 인하대병원은 김포메디컬캠퍼스에 700병상 이상 규모의 병원 건립에 나설 예정이다. 경기도 하남시 창우동 일대에서도 병원 건립을 위해 경희대의료원, 차병원, 명지병원이 경쟁한 결과 명지병원이 우선협상대상자로 선정되었다.

4. 취미, 레저 관련 시설

다음으로 취미와 레저 관련 시설이다. 최근 단지 내 커뮤니티 시설이 보편화되기는 했지만 2008년 이전 지어진 아파트의 경우 여전히 시설이 열악하거나 없는 단지가 대부분이다. 이러한 약점을 보완할 수 있는 시설이 아파트 주변에 있는지도 확인할 필요가 있다.

우리, 아파트 딱 100채만 보러 가보자

예를 들어 강남구 수서동에는 수영장, 체육관, 헬스장 등의 시설이 갖춰진 시립수서청소년센터가 있어 주민들의 건강한 취미 활동을 지원하고 있다. 커뮤니티 시설이 본격적으로 도입되기 전에 지어진 주변 푸른마을, 샘터마을, 목련, 까치마을, 상록수 등에 거주하는 주민들이 이용하기에 편리하다. 한편 송파구 주민들은 잠실종합운동장에 있는 수영장이나 올림픽공원 내에 있는 수영장 혹은 송파YMCA수영장을 이용한다. 커뮤니티 시설이 부족한 잠실엘스, 리센츠, 트리지움 아파트의 약점을 잘 보완하고 있다. 성동구 성수동1가에 있는 성동구민종합체육센터는 수영장, 헬스장, 체육관, 스쿼시장, 문화강좌실 등을 갖추고 있다. 뚝섬역과 서울숲역 주변 쌍용, 중앙하이츠빌, 동아, 한진타운에서 이용하기에 편리한 위치에 있다.

5. 자연 환경

마지막으로 아파트 주변에 자연을 즐길 수 있는 공간이 있는지 확인해보자. 산, 강, 호수, 하천, 공원 등의 자연 환경은 쾌적한 주거 환경을 제공하고 여유로운 회복의 시간을 만들어준다. 일원동 상록수, 가람은 대모산을, 서초포레스타5~7단지는 청계산을, 홍은풍림아이원, 북한산래미안, 북한산힐스테이트1차는 북한산을 즐기기에 좋다. 아크로서울포레스트, 갤러리아포레, 트리마제에서는 서울숲을 이용하기에 편리하며, 서초네이처힐 주민들은 양재시민의숲에서 여유로운 시간을 보내곤 한다. 잠실 레이크팰리스에서는 석촌호수의 아름다운 경치를 감상할 수 있고, 장안래미안 1차에서는 중랑천에서 조깅을 즐길 수 있으며, 이매성지7단지 주민들은 탄천에서 운동하며 건강을 관리한다.

만족도 높은 주거지가 되기 위해서는 아파트만 있어서는 안 된다. 생활에 편리한 기반시설과 여유를 즐길 수 있는 자연 환경이 잘 갖춰져 있는지 좀 더 넓은 시야로 아파트 주변까지 세심하게 살펴봐야 한다.

우리, 아파트 딱 100채만 보러 가보자

직주근접 아파트를 주목하라

더 큰 자금을 빠르게 활용할 수 있는 대기업 직장인들의 움직임을 살피면 투자의 방향을 설정하는 데 큰 도움이 될 것이다.

부동산 투자를 하기 위해서는 일정 규모 이상의 종잣돈이 필요하다. 평범한 직장인이 종잣돈을 모으는 가장 일반적인 방법은 무엇일까? 바로 급여를 저축하는 것이다. 대기업의 장점 가운데 한 가지는 높은 연봉과 인센티브에 있다. 따라서 대기업에 다니면 종잣돈을 남들보다 더욱 빠르게 만들 수 있고, 부동산 투자에서도 좀 더 유리한 입장에 놓이게 된다.

잡코리아에서 공개한 주요 대기업 평균 연봉을 보면, 대기업에 다니는 맞벌이부부의 경우 허리띠를 졸라매면 한 해에 1억 원씩

대기업 평균 연봉(2021년 8월 기준)

기업명	평균 연봉	기업명	평균 연봉
삼성화재	9,894만 원	SK	9,564만 원
현대차	8,807만 원	삼성SDS	1억 525만 원
삼성바이오로직스	7,423만 원	NAVER	9,508만 원
한미약품	6,738만 원	SK하이닉스	9,085만 원
S-Oil	1억 924만 원	LG전자	8,497만 원
삼성생명	1억 741만 원	삼성물산	1억 130만 원
메리츠증권	1억 6,247만 원	LG디스플레이	7,020만 원
LG생활건강	7,577만 원	CJ제일제당	6,388만 원
SK텔레콤	1억 2,474만 원	LG	1억 6,528만 원
카카오	1억 308만 원	GS	1억 2,551만 원
삼성증권	1억 3,068만 원	POSCO	9,538만 원
NH투자증권	1억 2,953만 원	SK이노베이션	1억 1,086만 원
미래에셋대우	1억 2,338만 원	삼성전자	1억 376만 원

자료: 잡코리아

저축하는 데 큰 어려움이 없다는 것을 알 수 있다. 저축과 더불어 재테크와 투자를 병행한다면 더 큰돈을 모을 수 있는 가능성이 높다. 대기업에 다니는 이들은 미래의 가장 유망한 부동산 투자자이자 좋은 아파트를 추구하는 유력한 수요층이다. 따라서 이들의 관점에서 아파트를 바라볼 필요가 있다.

우리, 아파트 딱 100채만 보러 가보자

코스피 시가총액 기준 상위 기업(2021년 8월 기준)

순위	기업명	주소	시가총액 (억 원)
1	삼성전자	서울시 서초구 서초2동 1321-15	4,435,548
2	SK하이닉스	경기도 이천시 부발읍 경충대로 2091	753,482
3	NAVER	경기도 성남시 분당구 정자동 178-1	689,906
4	카카오	경기도 성남시 분당구 삼평동 681	667,061
5	삼성바이오로직스	인천 연수구 송도바이오대로 300	626,583
7	LG화학	서울시 영등포구 여의대로 128	552,738
8	삼성SDI	경기도 용인시 기흥구 공세동 428 - 5	526,049
9	현대차	서울시 서초구 양재동 231	445,498
10	셀트리온	인천 연수구 아카데미로 23	406,218
11	카카오뱅크	경기 성남시 분당구 판교역로 231 H스퀘어빌딩 S동	398,134
12	기아	서울시 서초구 양재동 231	332,803
13	POSCO	서울시 강남구 테헤란로 440	274,639
14	현대모비스	서울시 강남구 역삼1동 679-4 ING타워	256,889
15	삼성물산	서울시 송파구 올림픽35길 123	247,625
16	크래프톤	서울시 강남구 테헤란로 231	243,023
17	LG전자	서울시 영등포구 여의대로 128	229,925
18	KB금융지주	서울시 영등포구 국제금융로8길 26	227,447
19	LG생활건강	서울시 종로구 새문안로 58	221,935
20	SK바이오사이언스	경기도 성남시 분당구 판교로 310	221,468
21	SK이노베이션	서울시 종로구 종로 26	221,455
22	SK텔레콤	서울시 중구 을지로 65	207,533

23	신한지주	서울시 중구 세종대로9길 20	202,765
24	SK	서울시 종로구 종로 26	183,640
25	HMM	서울시 종로구 율곡로 194	166,008
26	SK아이이테크놀로지	서울시 종로구 종로 26	153,290
28	삼성생명	서울시 서초구 서초대로74길 11	149,000
29	LG	서울시 영등포구 여의대로 128	146,762
30	엔씨소프트	경기도 성남시 분당구 대왕판교로644번길 12	144,677
31	하나금융지주	서울시 중구 을지로 66	135,559
32	삼성전기	경기도 수원시 영통구 매영로 150	133,702
33	삼성에스디에스	서울시 송파구 올림픽로35길 125	131,929
34	아모레퍼시픽	서울시 용산구 한강대로 100	131,824
38	삼성화재	서울시 서초구 서초대로74길 14	109,673
39	넷마블	서울시 구로구 디지털로26길 38	109,591
40	대한항공	서울시 강서구 하늘길 260	105,216
42	S-Oil	서울시 마포구 백범로 192	101,887
43	고려아연	서울시 강남구 강남대로 542	95,671
44	SK바이오팜	경기도 성남시 분당구 판교역로 221	95,151
46	KT	경기도 성남시 분당구 불정로 90	84,600
47	한국조선해양	서울시 종로구 율곡로 75	83,158
48	롯데케미칼	서울시 송파구 올림픽로 300	82,947
49	우리금융지주	서울시 중구 소공로 51	82,635
50	기업은행	서울시 중구 을지로 79	77,779
51	한화솔루션	서울시 중구 청계천로 86	77,755
52	LG디스플레이	서울시 영등포구 여의대로 128	72,279

우리, 아파트 딱 100채만 보러 가보자

53	현대글로비스	서울시 성동구 왕십리로 83-21	71,250
54	CJ제일제당	서울시 중구 동호로 330	66,088
55	현대제철	인천광역시 동구 중봉대로 63	64,588
56	LG유플러스	서울시 용산구 한강대로 32	61,126
58	금호석유화학	서울시 중구 청계천로 100	57,736
59	현대건설	서울시 종로구 율곡로 75	57,682
60	SKC	서울시 종로구 종로1길 50	57,181
61	F&F	서울시 강남구 언주로 541	56,848
62	한국타이어앤 테크놀로지	경기도 성남시 분당구 판교로 286	56,239
63	미래에셋증권	서울시 중구 을지로5길 26	56,098
65	에스디바이오센서	경기도 수원시 영통구 덕영대로1556번길 16	54,527
69	맥쿼리인프라	서울시 중구 소공로 109	49,796
70	이마트	서울시 성동구 뚝섬로 377	49,619
71	한미사이언스	경기도 화성시 팔탄면 무하로 214	49,267
72	오리온	서울시 용산구 백범로 90다길 13	49,025
73	LG이노텍	서울시 강서구 마곡중앙10로 30 E1/E3	48,399
74	아모레퍼시픽그룹	서울시 용산구 한강대로 100	46,836
75	한진칼	서울시 중구 서소문로 117	44,048
76	삼성증권	서울시 서초구 서초대로74길 11	43,712
77	팬오션	서울시 종로구 종로5길 7 TOWER 8	43,300
78	유한양행	서울시 동작구 노량진로 74	42,684
80	DB손해보험	서울시 강남구 테헤란로 432	42,055
81	삼성엔지니어링	서울시 강동구 상일로6길 26	41,258
82	쌍용C&E	서울시 중구 수표로 34	41,014

83	녹십자	경기도 용인시 기흥구 이현로30번길 107	40,903
84	삼성카드	서울시 중구 세종대로 67	39,798
85	삼성중공업	경기도 성남시 분당구 판교로227번길 23	38,997
86	CJ대한통운	서울시 중구 세종대로9길 53	38,667
87	GS	서울시 강남구 논현로 508	38,606
88	NH투자증권	서울시 영등포구 여의대로 108 파크원	37,146
89	한미약품	서울시 송파구 위례성대로 14	37,020
90	롯데지주	서울시 송파구 올림픽로 300	36,876
92	메리츠증권	서울시 영등포구 국제금융로 10 Three IFC	36,200
93	메리츠금융지주	서울시 강남구 강남대로 382	35,781
95	GS리테일	서울시 강남구 논현로 508	35,447
97	GS건설	서울시 종로구 종로 33	35,003

대기업으로의 출퇴근 편의성과 아파트 시세의 상관관계를 살펴보기에 앞서 우선 대기업 본사 혹은 서울 사무실 위치를 확인해보자. 위의 표는 2021년 8월 기준 코스피 시가총액 상위 기업의 본사 또는 서울 사무실 주소다. 강남구, 서초구, 송파구에 20개 기업이 있고, 중구, 종로구에 24개 기업이 있다. 또 마포구, 영등포구, 용산구에 12개 기업이 있으며, 성남시 분당구에 9개 기업이 위치해 있다. 따라서 대기업 분포에 따라 지역을 크게 강남지구, 광화문·을지로지구, 여의도지구, 판교지구로 구분할 수 있다.

대기업 분포에 따른
주요 지역 구분

1. 강남지구

강남지구에는 주요 대기업뿐만 아니라 강남역, 신사역을 중심으로 한 중대형 규모의 병원들, 테헤란로의 IT기업들, 전문직이 밀집한 법조타운 등이 있어 고소득 자영업자, 직장인이 많은 것이 특징이다. 또한 삼성역, 영동대로, 잠실 일대 대규모 개발로 인해 수년 내에 더욱 많은 고소득자들이 밀집될 것으로 예상된다.

교통이 잘 발달된 강남지구의 출퇴근 범위는 광범위하다. 2호선 봉천역에서 강남역까지는 10분대, 신분당선을 이용할 경우 광교에서 강남역까지 20분대, 7호선을 타면 중계동에서 고속터미널까지는 30분대에 도착하는 것이 가능하다.

이러한 지역 중 최근 특히 옥수동에 대한 수요가 높아졌다. 맞벌이부부들 가운데 남편은 강남으로, 아내는 광화문으로 출근하는 등 각자의 직장이 남북으로 분산되어 있는 경우가 적지 않기 때문이다. 옥수동은 강남지구는 물론이고 광화문·을지로지구 등 시내 중심으로 출근하기에도 유리한 위치다.

지하철 3호선 옥수역의 초역세권 옥수하이츠는 1998년에 준

서울 아파트 vs. 옥수하이츠

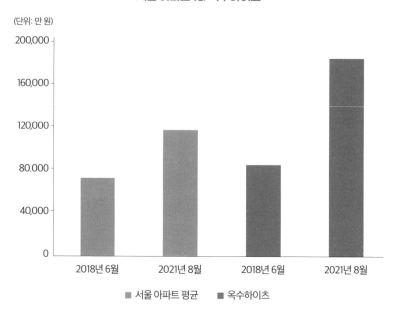

(단위: 만 원)

■ 서울 아파트 평균 ■ 옥수하이츠

자료: KB부동산, 국토교통부 실거래가 공개시스템

공된 774세대의 아파트다. 20년이 넘은 구축임에도 불구하고 강
남지구는 물론 광화문·을지로지구까지 출퇴근이 가능해 수요층
이 풍부하다. 또한 한강을 즐길 수 있다는 장점으로 높은 평가를
받고 있다. KB부동산 조사에 따르면 2018년 6월 서울 아파트 평
균 매매가는 7억 3천만 원 수준에서 2021년 8월 11억 7천만 원
까지 치솟으며 약 60%의 상승률을 보였다. 옥수하이츠는 전용면
적 84m² 물건이 2018년 6월 8억 5천만 원에 거래되었고, 이후
2021년 8월 같은 면적 12층 매물이 18억 5천만 원에 매매되었다.

우리, 아파트 딱 100채만 보러 가보자

즉 서울 아파트 평균 매매가 상승률의 약 2배인 117% 상승하는 저력을 보인 것이다.

강남지구로의 출퇴근을 고려할 때 빼놓을 수 없는 지역은 흑석동이다. 흑석동은 강남지구는 물론 여의도로의 출근도 편리하다. 지하철 9호선 급행을 타지 않고도 흑석역에서 선정릉역까지 18분이면 도착할 수 있고, 여의도역까지는 8분밖에 걸리지 않는다. 흑석역에서 걸어서 5분이면 도착할 수 있는 흑석한강센트레빌 1차는 2011년에 준공된 655세대 아파트다. 이 아파트 전용면적 84m²의 경우 2021년 8월 18억 5천만 원에 거래되었는데, 이는 2018년 1월 9억 9천만 원에서 8억 6천만 원 오른 금액이다. 아파트 연식에서 10년의 차이가 있지만, 2021년 8월 아크로리버하임 전용면적 84m² 물건이 25억 원에 거래된 것과 비교하면 꽤 가성비 좋은 아파트라고 볼 수 있다.

2. 광화문·을지로지구

광화문·을지로지구에는 대기업, 대형 은행, 보험사, 외국계 기업, 관공서, 언론사 등이 밀집되어 있다. 또한 수천 명의 직원이 근무하는 국내 최대 규모의 대형 법률사무소도 있다. 광화문·을지로지구도 강남지구와 마찬가지로 출퇴근 가능한 곳의 범위가 꽤 넓다. 길음동에서 을지로까지 버스로 30여 분이면 도착할 수 있고, 상암동에서도 40여 분이면 출근할 수 있다. 특히 공항철도로 인해 인천 계양역에서 서울역까지 30분 이내에 도착하는 것도 가능하다.

광화문·을지로지구 직장인들은 마포, 공덕, 아현을 선호하는 현상이 두드러지는데, 최근에는 가성비 좋은 통일로 라인의 아파트가 주목을 받기 시작했다. 특히 여러 재개발 사업으로 신축 아파트가 공급 중인 서대문구 홍제동에 대한 수요가 높아진 상황이다.

3호선 홍제역과 무악재역을 이용할 수 있는 홍제센트럴아이파크는 2018년 12월부터 입주를 시작한 906세대 아파트다. 2021년 8월 전용면적 84m² 물건이 14억 8천만 원에 거래되면서 2016년 당시 분양가의 2배를 넘어섰다. 무악재역을 이용할 경우 대기업, 외국계 기업, 대형 법률사무소, 정부기관 등이 밀집한 경복궁역까지 4분, 대기업 본사가 있는 안국역까지 6분이면 도착할 수 있다. 버스전용차로가 잘 구축되어 있기 때문에 버스를 타도 불과 15분이면 도착할 수 있다. 광화문·을지로지구로의 출퇴근에 있어 최적의 입지를 자랑한다.

3. 여의도지구

여의도지구는 고액 연봉의 금융권 직장인들로 붐비는 것이 특징이다. 언론사, 방송사, 국회, 정치 관련 종사자들도 바쁘게 오고

우리, 아파트 딱 100채만 보러 가보자

간다. 지하철 5호선, 9호선으로 인해 다양한 지역에서 여의도지구로의 이동이 수월해졌다. 이 중 젊은 세대에게 인기가 높은 지역으로 가양동, 등촌동 일대를 꼽을 수 있다. 지하철 9호선 급행을 이용할 경우 가양역에서 여의도역까지는 불과 11분밖에 걸리지 않으며, 강남지구 한복판인 선정릉역까지는 28분이면 도착할 수 있다.

가양동에 위치한 1,476세대 가양6단지 전용면적 58m² 15층 물건의 경우 2018년 8월 4억 8,500만 원에 거래되었는데, 3년이 지난 2021년 8월에는 같은 면적 물건이 무려 5억 원 넘게 상승한 9억 9,500만 원을 기록했다. 현재는 10억 원 갱신을 눈앞에 두고 있는 상황이다.

신길뉴타운 역시 여의도지구 직장인들이 선호하는 지역 중에 한 곳이다. 지하철로는 다소 복잡하지만 버스로는 20여 분 정도면 여의도역에 도착할 수 있으며, 7호선 신풍역을 이용하면 고속터미널역까지 20분 이내에 도착할 수 있어 강남지구로 이동하기에도 용이하다. 신길뉴타운 완성 초기인 2015년에 들어선 949세대 래미안프레비뉴가 이 지역의 가장 대표적인 대단지 아파트다. 이후 신축 아파트 래미안에스티움, 신길센트럴아이파크, 보라매SK뷰, 신길센트럴자이, 힐스테이트클래시안, 신길파크자이가 지속적으로 공급되어 뉴타운 시너지 효과를 만들기도 했다. 래미안프레비뉴 전용면적 84m² 물건은 2017년 6월 6억 2,200만 원에 거래되었고, 2년 후에는 10억 500만 원, 다시 2년 후인 2021년 6월에는 15억 3천만 원에 거래되면서 최근 4년 사이 145%에 이르는 상승률을 기록했다.

5. 판교지구

마지막으로 주로 IT기업이 밀집된 판교지구를 살펴보자. 판교지구라고 하면 보통 성남과 분당, 용인 등을 떠올리지만 신분당선과 함께 성장한 광교를 빼놓을 수 없다.

신분당선 광교중앙역 앞에는 1,764세대의 자연앤힐스테이트가 자리 잡고 있다. 신분당선 광교 라인이 개통되기 1년 전인 2015년 3월 자연앤힐스테이트 전용면적 84m² 물건은 5억 9,800만 원에 거래되었는데, 이후 2021년 7월 16억 1천만 원까지 오르는 기염을 토했다. 신분당선 개통으로 판교까지 20분대, 강남역까지 30분대에 도착할 수 있게 되면서 이 지역에 대한 만족도가 크게 증가했기 때문이다. 게다가 현재 이 아파트 맞은편에서는 연면적 16만 109m², 지하 4층~지상 25층 규모의 새로운 경기도청사의 마무리 공사가 한창이다. 새로운 경기도청사가 완공되면 광교는 다시 한번 큰 도약을 하게 될 것으로 보인다.

대기업 직장인들이 선호하는 지역은 출퇴근이 편리하다는 공통된 특징이 있다. 이들에게 있어 출퇴근에 걸리는 시간은 돈과 연관되기 때문에 '직주근접'은 최고의 미덕으로 꼽는다. 높은 연봉과 신용을 바탕으로 더 큰 자금을 빠르게 활용할 수 있는 대기업 직장인들의 움직임을 살핀다면 투자의 방향을 설정하는 데 큰 도움이 될 것이다.

직장인 10%만
대기업으로 출근한다

100여 명 중 85명은 중소기업에서 월급을 받고 있다. 우리가 직주근접을 고려할 때 중소기업 분포를 함께 살펴봐야 하는 이유다.

누구나 한 번쯤 멋진 기업 로고가 새겨진 사원증을 목에 걸고 대기업 본사 건물로 출퇴근하는 자신의 모습을 그려봤을 것이다. 하지만 잠시 우리 주변을 떠올려보자. 우리 주변에 누가 들어도 알 만한 대기업에 다니는 지인이 몇 명쯤 떠오르는가? 손에 꼽을 정도이지 않은가?

2019년 통계청 자료를 보면 그 이유를 알 수 있다. 해당 도표는 종사자 규모별 사업체 수에 대한 자료다. 전국 417만 6천여 개 사업체 가운데 직원이 300명 미만인 사업장은 약 417만 개로 무

우리, 아파트 딱 100채만 보러 가보자

종사자 규모별 사업체 수(2019년 기준)

종사자 규모	사업체 수	비율	종사자 수(명)	비율
계	4,176,549	100%	22,723,272	100%
1~4명	3,322,812		6,041,327	
5~9명	511,446		3,239,687	
10~19명	187,627	99.9%	2,468,285	85.5%
20~49명	102,986		3,057,377	
50~99명	32,315		2,216,668	
100~299명	15,232		2,398,379	
300~499명	2,102		796,079	
500~999명	1,310	0.1%	900,397	14.5%
1천 명 이상	719		1,605,073	

자료: 통계청

려 99.9%에 이른다. 그리고 이 99.9%의 회사에 근무하는 사람들은 전체 근로자 2,272만 명 중 85.5%인 1,942만 명이다.

출퇴근 시간, 지하철 객차 한 칸에 100여 명이 타고 있다고 가정해보자. 모두가 코스피 시가총액 상위권 기업으로 출근하고 있는 것처럼 보이지만 사실 이 중 대기업 종사자는 15명도 되지 않는 셈이다. 100여 명 중 85명은 중소기업에서 월급을 받고 있다. 우리가 직주근접을 고려할 때 중소기업 분포를 함께 살펴봐야 하는 이유다.

중소기업 분포에
주목해야 하는 이유

　85%의 직장인, 그러니까 약 2천만 명이 근무하고 있는 중소기업은 어느 지역에 많이 있을까? 잡코리아 채용공고에 등록된 기업들의 위치를 보면 대략적으로 짐작해볼 수 있다. 2021년 5월 기준 서울 지역에 등록된 기업의 수는 약 14만 곳이다. 그런데 이 중 강남구, 서초구, 송파구, 영등포구, 금천구, 마포구에 위치한 기업들이 서울 전체 채용공고의 절반 이상을 차지한다.

　지하철 출퇴근 정보를 살펴봐도 위 지역들에 기업이 많이 위치

채용공고 기준 기업 분포(2021년 5월 기준)

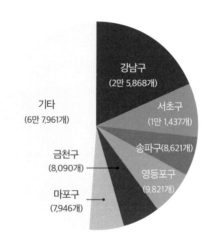

자료: 잡코리아

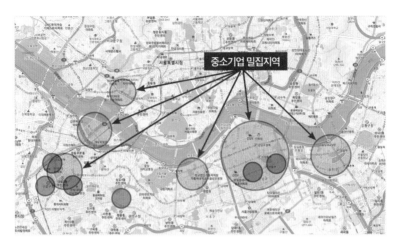

▶ 직원 300명 미만 기업 및 승하차 상위권 지하철역 위치

해 있다는 사실을 알 수 있다. '서울 열린데이터광장'에 공개된 지하철 승하차 인원 정보를 살펴보니 강남구, 송파구, 구로구, 금천구, 관악구가 승하차 인원 상위권을 기록했다.

직원 300명 미만의 기업들 위치를 주황색 원으로, 승하차 상위권 지하철역을 파란색 원으로 표시한 지도를 보자. 결국 자연스럽게 위 지역으로 출퇴근이 편리한 곳이 실수요자들에게 인기가 높을 수밖에 없다.

구로구 신도림동의 신도림SK뷰 아파트 전용면적 84㎡ 물건은 2017년 2월 5억 1천만 원에 거래되었는데, 2021년 1월에는 무려 11억 6,500만 원을 기록했다. 2006년 입주한 소규모 단지임에도 불구하고 4년 만에 2배가 넘게 오른 것이다. 아파트에서 도

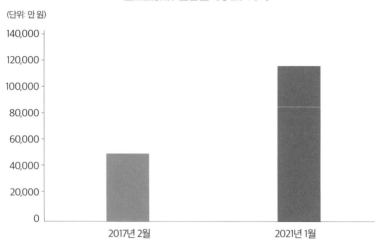

신도림SK뷰 전용면적 84㎡ 가격

(단위: 만 원)

자료: KB부동산

보로 7~8분 거리에 있는 2호선 신도림역을 이용할 경우 위로는 홍대입구역(10분), 시청역(21분)으로 가기 편하고, 아래로는 구로디지털단지역(5분), 신림역(9분), 강남역(28분)까지도 출퇴근이 수월하다. 직주근접 부분에서 실수요자들의 인정을 받았다고 볼 수 있다.

출퇴근의 편의성만 고려하면 관악구도 뛰어난 입지를 자랑한다. 2호선 서울대입구역에서 강남역까지 불과 6개 정거장, 12분밖에 소요되지 않는다. 휴대폰으로 게임 한 판 하기에도 부족한 시간이다. 중소기업이 밀집한 구로디지털역까지는 4개 정거장, 7분밖에 걸리지 않는다. 뉴스 검색 몇 개만 하면 바로 내려야 하는 시

우리, 아파트 딱 100채만 보러 가보자

관악푸르지오 전용면적 84㎡ 가격

(단위: 만 원)

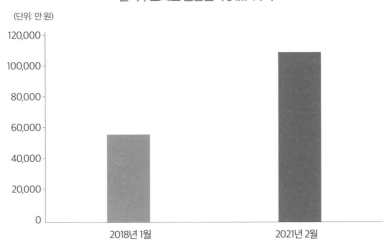

자료: KB부동산

간이다. 실제로 관악구 봉천동 관악푸르지오 전용면적 84m² 물건은 2021년 2월 10억 9천만 원의 실거래가를 기록했다. 3년 전 실거래가(5억 7천만 원)를 감안하면 상당히 큰 폭으로 시세가 상승했음을 알 수 있다.

투자는 다양한 시각에서 접근해야 한다. 대기업이 아닌 중소기업의 위치를 기준으로 아파트 입지를 생각해봄으로써 새로운 투자 감각을 키운다면 이전에는 보지 못한 새로운 기회를 발견할 수 있을 것이다.

초등학교는 도보 5분 이내 거리에 있어야 한다

학교가 밀집된 지역 주변에는 학원, 독서실, 스터디룸 등의 교육시설이 조성되는 경우가 많아 건전한 면학 분위기 형성에 큰 도움이 된다.

한국부동산원 자료에 따르면 2020년 전국에서 거래된 아파트 총 93만 4,078건 가운데 30~40대의 매매 거래가 51.9%(48만 4,880건)를 차지했다고 한다. 구체적으로 30대는 22만 7,768건의 매매를 기록했고, 40대는 25만 7,112건을 기록했다. 초등학교 입학을 앞두거나 재학 중인 자녀를 둔 30~40대가 부동산 시장의 큰손으로 떠오르면서 덩달아 '초품아'에 대한 시장의 관심도 커지고 있다.

우리, 아파트 딱 100채만 보러 가보자

초품아가
주목받는 이유

　도로교통공단 교통사고분석시스템(TAAS)에 따르면 최근 5년간 (2015~2019년) 어린이 보호구역 내 어린이(만 12세 이하) 교통사고는 총 2,502건(연평균 500건)에 달했고, 이로 인해 2,650명(연평균 530명)의 사상자가 발생했다고 한다. 월별 통계를 보면 신학기가 시작되는 3월부터 교통사고 건수가 급격히 증가해 5월에 사고가 가장 많이 일어난 것으로 나타났다. 학년별로는 초등학교 1~2학년 어린이의 사상자 비중이 가장 높았다.

　이처럼 학교 앞 어린이 보호구역도 마음을 놓기 어려운 시대이다 보니 초등학교 '위치'에 대한 관심이 부쩍 커지고 있다. 지금까지는 초등학교까지의 물리적인 거리에만 초점을 맞췄다면 이제는 초등학교까지의 접근성을 함께 고려하게 된 것이다. 특히 집에서 학교까지 큰 도로를 건너지 않고 통학할 수 있는지 여부가 중요한 선택의 기준이 되었다. 초등학교를 품고 있는 아파트, 소위 '초품아'가 주목을 받게 된 이유다.

　경기도 안산시 단원구에는 관산초등학교가 있고, 관산초등학교 바로 옆에는 2018년에 입주한 안산롯데캐슬더퍼스트가 있다.

▶ 안산롯데캐슬더퍼스트, 초지역메이저타운푸르지오에코단지 위치

초등학교까지 도로를 건너지 않고 안전하게 등교할 수 있는 위치
다. 이 아파트의 전용면적 84m² 물건의 KB부동산 일반평균가는
2021년 5월 7억 4천만 원으로, 2020년 12월(5억 7,500만 원)과 비
교하면 1억 6,500만 원이나 상승했다. 한편 관산초등학교까지 성
인 걸음으로 약 13분 떨어진 거리에는 2019년에 입주한 초지역
메이저타운푸르지오에코단지가 있다. 안산롯테캐슬더퍼스트보다
1년 더 신축 아파트임에도 불구하고 같은 기간 KB부동산 일반평
균가는 6억 9,500만 원에서 7억 7,500만 원으로 8천만 원 상승하

우리, 아파트 딱 100채만 보러 가보자

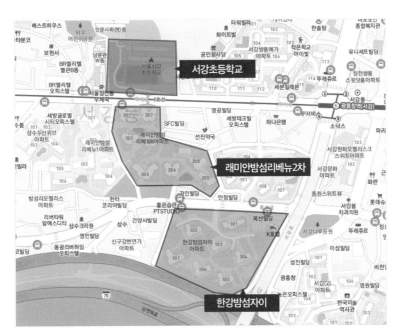

▶ 래미안밤섬리베뉴2차, 한강밤섬자이 위치

는 데 그쳤다. 초등학교까지 왕복 6차선 도로를 두 번이나 건너야 한다는 점이 가격에 반영된 것으로 보인다.

　서울시 마포구 상수동 래미안밤섬리베뉴2차는 서강초등학교 맞은편에 위치해 있다. 비록 아파트와 초등학교 사이에 6차선 도로가 있지만 육교가 있기 때문에 안전한 통학이 가능하다. 이 아파트의 전용면적 84m² 물건의 KB부동산 일반평균가는 2020년 5월 13억 9,500만 원에서 2021년 5월 15억 8천만 원으로 1억 8,500만 원 상승했다. 한편 래미안밤섬리베뉴2차 아파트 남쪽에 위치한 한강밤섬자이는 같은 기간 12억 7,500만 원에서 13억 원으로 2,500만 원밖에 상승하지 못했다. 서강초등학교에서 성인 걸음으로 약 13분가량 떨어진 거리인데, 아이들 걸음으로는 2배 이상 시간이 더 걸릴 수 있어 시세에 악영향을 미친 것으로 보인다.

초등학교와 가까이 있는 아파트 단지는 시세의 이점뿐만 아니라 쾌적한 환경까지 누릴 수 있다는 장점이 있다. 「교육환경 보호에 관한 법률」에 따라 학교 경계로부터 직선거리 200m 이내에는 청소년 유해시설, 오염물질 배출시설 등이 들어설 수 없기 때문이다. 학교가 밀집된 지역 주변에는 학원, 독서실, 스터디룸 등의 교육시설이 조성되는 경우가 많아 건전한 면학 분위기 형성에 큰 도움이 된다. 자녀 유무에 관계없이 초품아가 각광받는 이유다.

학원 밀집 지역의 아파트를 주목하라

학군과 학원가를 눈여겨본다면 자녀의 경쟁력을 키우는 동시에 만족스러운 투자 성과까지 거둘 수 있다.

한국교육개발원과 통계청 조사에 의하면 2020년 기준 우리나라의 대학 진학률은 72.5%라고 한다. 고등학생 졸업자 10명 중 7명 이상이 대학에 진학한다는 뜻이다. 학부모들은 자녀의 경쟁력을 키우고 더 나은 기회를 잡을 수 있는 가장 확실한 길이 '교육'에 있다고 생각한다. 따라서 학부모 수요층은 아파트를 선택할 때 학군과 학원가 형성 여부를 중요하게 따진다.

명문대 진학률이 우수한 학교 근처는 물론이고, 입시 전문가의 도움을 받을 수 있는 대치동, 목동 등과 같은 유명 학원들이 밀집한 지역은 늘 수요가 풍부하다. 학교와 학원을 오가는 시간을 10분이라도 아껴주고 싶은 게 부모 마음이기 때문이다. 결국 유명 학원가를 조금이라도 더 빠르고 편리하게 이용하기 쉬운 아파트 일수록 '프리미엄'이 형성된다.

학원 밀집 지역과
아파트 시세의 상관관계

그럼 어느 정도 학원이 모여 있어야 '학원 밀집 지역'이라고 할 수 있을까? 또 학원가와 주변 아파트 시세는 어떤 연관성이 있을까? 대형 유명 학원과 스타 강사들이 경쟁을 벌이고 있는 대치동 학원가를 먼저 살펴보자. 대치4동 주변으로 800개가 넘는 학원들이 있으며, 대치역 주변까지 합치면 1천여 개가량의 학원이 거대한 학원가를 형성하고 있다.

대치동 학원가에 대한 높은 수요는 이 지역의 전세가를 살펴보면 알 수 있다. 〈KB주택가격동향〉에 따르면 2019년 8월부터 2021년 8월까지 강남구 아파트 m²당 평균 전세가는 852만 7천 원에서 1,217만 2천 원으로 42.7% 상승했다. 하지만 대치동 학원가를 이용하기에 최적의 위치에 자리 잡고 있는 은마 아파트 전용

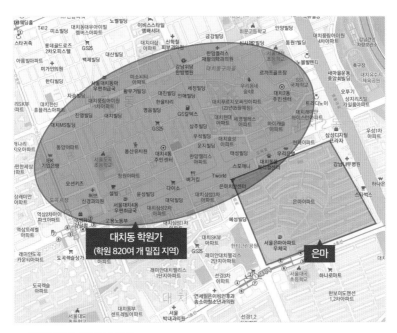

▶ 대치동 학원과와 은마 위치

면적 76m²의 경우 전세가가 같은 기간 4억 4,250만 원에서 8억
원으로 뛰어올랐다. 이는 강남구 아파트 전세 상승률의 약 2배
에 이른다. 탄탄한 전세 시세는 결국 매매 시세까지 밀어 올렸고,
2019년 8월 17억 5,750만 원에서 불과 2년 만에 22억 2,500만
원까지 상승했다.

한편 대치동에는 또 하나의 시장이 형성되어 있는데, 바로 타
지역 학생들과 해외 유학생들을 위한 단기 숙소다. 방학 기간에
이곳에서 특강을 수강하기 위해 몰려드는 수많은 학생들을 위해

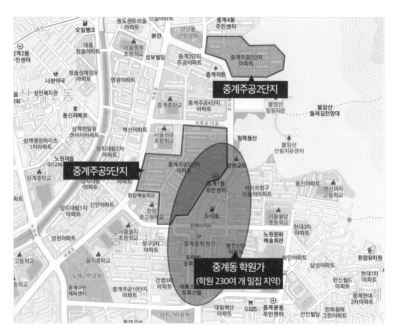

▶ 중계동 학원가와 중계주공2단지, 중계주공5단지 위치

만들어진 특수한 시장으로, 이 기간 동안 월세 100만 원 수준인 원룸 시세가 2배까지 오르기도 한다.

　강남에 대치동이 있다면 강북에는 중계동 학원가가 있다. 노원구 중계동에는 은행사거리를 중심으로 230여 개가 넘는 학원들이 모여 있다. 학원가 바로 앞에 위치한 중계주공5단지는 1992년에 입주한 2,328세대의 대단지 아파트다. 15평형, 17평형, 24평형, 28평형, 31평형으로 구성되어 있다. 2021년 9월 기준으로 17평 매물의 호가는 6억 7천만 원에서 7억 원 사이이며, 전세 물

　　　　　　　　　　　　　　우리, 아파트 딱 100채만 보러 가보자

건은 2억 6천만 원을 호가한다. 최근 실거래가는 2021년 7월 6억 7천만 원을 기록한 바 있다. 한편 1992년에 준공된 중계주공2단지는 17평형 1,800세대의 대단지다. 매매 물건은 5억 2천만 원에서 6억 2천만 원 사이이며, 전세 시세는 2억 원 초반을 형성하고 있다. 최근 실거래가는 2021년 7월 9층 물건이 5억 8천만 원에 거래된 바 있다.

연식이 비슷한 두 대단지 아파트는 가격에서 조금 차이가 나는데, 4호선 상계역과 더 가까운 중계주공2단지가 오히려 중계주공5단지에 비해 실거래가와 매물 호가 모두 1억 원가량 낮게 형성된 것을 알 수 있다. 전세 시세도 많게는 5천여 만 원까지 차이가 난다.

대형 학원가가 아파트 단지 바로 앞에 있는 중계주공5단지와는 달리 중계주공2단지는 학원가와 짧게는 700m, 길게는 1km 이상 떨어져 있다. 보통 1km 거리는 성인 걸음으로 15분 정도인데 아이들의 경우 2배까지도 소요될 수 있다. 따라서 왕복 최대 1시간가량 소요될 수 있다는 심리적 부담감이 아파트 시세에 영향을 준 것으로 보인다.

안양시에 위치한 평촌 학원가사거리에도 300여 개의 학원이 모여 있다. 이곳 역시 학원가를 얼마나 이용하기 편리한가에 따라서 아파트 시세가 다르게 나타난다. 평촌 학원가와 인접한 무궁화경남은 1994년 입주한 590세대의 아파트다. 전용면적 84m² 물

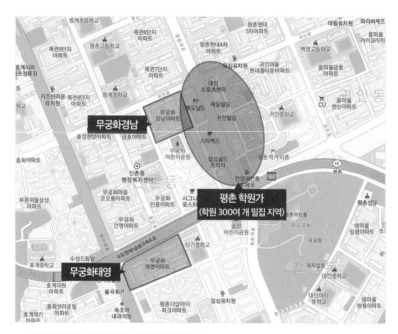

▶ 평촌 학원과 무궁화경남, 무궁화태영 위치

건의 2021년 9월 실거래가는 9억 3천만 원이며, 최근 매물 호가는 12억 원에 달한다. 반면 1992년에 준공된 654세대 무궁화태영은 학원가까지 약 1km 떨어져 있고 고가도로 밑의 복잡한 교차로도 건너야 한다. 전용면적 84m² 물건의 2021년 8월 실거래가는 7억 9천만 원으로 무궁화경남보다 1억 4천만 원 낮으며, 매물 호가 또한 2억 원 이상 낮은 9억 5천만 원 수준이다.

이 밖에도 목동, 잠실동, 명일동, 구의동에도 전통적인 학원가가 있다. 양천구 목동5단지사거리 주변에는 150여 개의 학원

우리, 아파트 딱 100채만 보러 가보자

이 모여 있으며, 5호선 오목교역과 목동8단지 아파트 주변에는 200여 개의 학원이 밀집되어 있다. 송파구 잠실동 잠실학원사거리 주변에는 100여 개의 학원이 있으며, 강동구 명일동 신동아 아파트 근처에도 110여 개의 학원이 있다. 또한 광진구 구의동 구의현대2단지 아파트 부근에도 100여 개의 학원이 모여 있다.

그런데 이와 같은 대형 학원가는 새로 형성되기가 쉽지 않다. 대규모 아파트 단지와 같이 충분한 배후 수요가 있어야 하며, 주민들의 연령층과 가족 구성 비율, 그리고 이들의 소득 수준 등 여러 가지 조건이 맞아떨어져야 한다. 교육열이 높은 중산층의 유입이 중요하기 때문이다. 무엇보다 동네 아이들뿐만 아니라 인근 지역 학생들까지 쉽게 올 수 있어야 하기 때문에 편리한 교통 여건도 준비되어 있어야 한다.

그런 점에서 새롭게 학원가가 조성되고 있는 마포구 대흥동의 발전은 인상적이다. 이곳은 이미 '제2의 대치동'이라는 별명이 붙었을 정도로 학원가가 빠르게 성장하고 있다. 최근 마포래미안푸르지오, 마포자이3차, 마포프레스티지자이, 공덕파크자이, 마포자이2차, 신촌그랑자이, 신촌숲아이파크 등 주변에 대단지 아파트들이 들어서면서 교육열이 높은 고소득 중산층이 대거 유입되었다. 대치동과 목동의 유명 대형 학원의 분점이 들어서면서 2019년 대흥동 일대 상가 임대료는 2017년에 비해 2배 가까이 뛰었다고 한

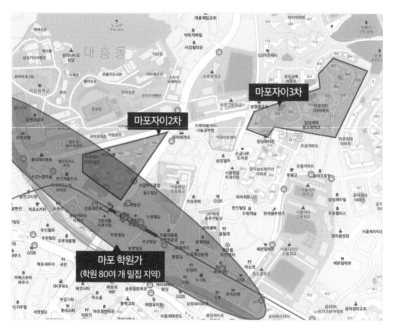

▶ 마포 학원과와 마포자이2차, 마포자이3차 위치

다. 학원가가 생기면서 주거 환경이 개선되고 거주 만족도가 높아
지자 학원가 주변 아파트 시세까지 함께 끌어올리는 효과가 나타
났다.

마포자이3차 전용면적 84m² 물건의 2021년 9월 실거래가
는 18억 3천만 원이고, 매물 호가는 19억 원 수준이다. 2년 전
인 2019년 8월에 기록된 실거래가 12억 4,500만 원에 비하면
5억 8,500만 원이나 올랐다. 또 대흥동 학원가 바로 앞에는 마포
자이2차가 있다. 대흥동에 본격적으로 학원가가 들어서기 전인

2018년 1월 10억 4,500만 원에 거래되던 전용면적 84m² 물건은 불과 3년 만에 17억 원을 넘어섰다. 그리고 2021년 9월에는 18층 물건이 18억 3천만 원에 거래되었다. 현재 호가는 20억 원에 달한다.

공부라는 것은 성실함을 나타내는 지표이기도 하다. 물론 입시와 직접적인 관련이 있고, 사회생활을 하는 데 있어 중요한 자산이 되기도 한다. 학원가가 형성된 지역은 좋은 면학 분위기를 유지하게 되고, 또래의 영향을 많이 받는 사춘기 청소년들에게 분명 긍정적인 영향을 미칠 것이다. 학군과 학원가를 눈여겨본다면 자녀의 경쟁력을 키우는 동시에 만족스러운 투자 성과까지 거둘 수 있다.

신축이 지속적으로 생기는 지역이 좋다

당장 신축 아파트를 매수할 여력이 없다면 신축 아파트가 지속적으로 공급되는 지역 주변의 저평가된 구축 아파트를 찾아보자.

'초봉 6천, 입사 보너스 5천… 개발자 모시기 경쟁 불붙었다'

'슈퍼개발자 경쟁력, IT업계 인재 모시기 전쟁 2라운드'

IT업계의 연봉 인상 경쟁이 가열되면서 개발자를 지키고 영입하기 위한 인재 경쟁이 더 치열해졌다는 뉴스가 보도된 적이 있다. 실제로 최근 부동산 플랫폼 직방은 개발직군 초봉을 6천만 원으로 상향 조정하고 기존 재직자 연봉도 2천만 원, 비(非)개발직군 재직자 연봉은 1천만 원씩 일괄 인상했다고 한다. 신입 개발자 직원들의 초봉이 올라가자 기존 직원들의 연봉 역시 함께 올라간 것이다.

이러한 현상은 아파트 시장에서도 비슷하게 발생한다. 신규 아파트 공급이 없던 지역에 새 아파트가 들어서면 지지부진했던 주변 구축 아파트 시세의 상한선은 한순간에 높아진다. 신축 아파트가 구축 아파트보다 한 단계 높은 시세를 형성하면서 가격을 함께 끌어올리기 때문이다.

신축이 구축을
끌어올린다

서울 마포구 공덕동과 영등포구 신길동의 사례를 살펴보자. 먼저 마포구 공덕동 주변에는 신축 아파트와 구축 아파트가 함께 존재한다. 구축 아파트인 염리삼성래미안, 공덕삼성1차, 래미안공덕3차, 래미안공덕4차, 래미안공덕5차 전용면적 84㎡의 실거래가 추이를 보면 신축 아파트가 들어서기 전까지는 시세가 제자리걸음을 하고 있던 것을 볼 수 있다. 하지만 2014년 3,885세대의 마포래미안푸르지오가 들어서고, 2015년 공덕파크자이가 입주하면서 구축 아파트의 시세가 서서히 움직이기 시작했다. 이어서

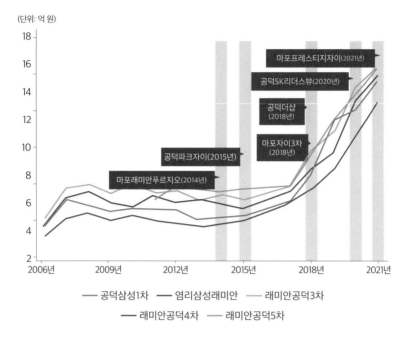

마포구 공덕동 구축 아파트의 시세 추이

(단위: 억 원)

마포프레스티지자이(2021년)

공덕SK리더스뷰(2020년)

공덕더샵
(2018년)

마포자이3차
(2018년)

공덕파크자이(2015년)

마포래미안푸르지오(2014년)

공덕삼성1차 ── 염리삼성래미안 ── 래미안공덕3차
래미안공덕4차 ── 래미안공덕5차

자료: 국토교통부 실거래가 공개시스템

2018년에는 공덕더샵과 마포자이3차가, 2020년에는 공덕SK리더스뷰가, 2021년에는 1,694세대의 마포프레스티지자이가 들어서면서 구축 아파트의 가격을 견인했다.

래미안공덕4차의 경우 2016년까지는 6억 원대 시세를 유지하고 있었다. 하지만 마포래미안푸르지오와 공덕파크자이의 입주가 마무리되고 이들 신축 아파트가 구축 아파트보다 30~40% 이상 높은 시세로 거래되자 저렴한 구축 아파트가 주목받기 시작했다.

우리, 아파트 딱 100채만 보러 가보자

결국 래미안공덕4차 전용면적 84m²는 2018년 8억 7천만 원에 실거래되었고, 2020년에는 13억 4천만 원에, 그리고 2021년에는 15억 4천만 원에 매매가 성사되었다.

구축인 공덕삼성1차 역시 시세 변화가 두드러진다. 공덕삼성1차 바로 앞에 공덕파크자이가 2015년 입주를 시작하면서 시세에 변곡점이 되었다. 2017년 6월에 공덕삼성1차 전용면적 84m² 물건은 6억 9천만 원에 거래되었는데, 같은 달에 공덕파크자이 84m² 물건이 9억 5천만 원에 거래되면서 실거래가 차이가 37% 이상 벌어졌다. 또한 2년 후인 2019년 6월에는 공덕삼성1차 전용면적 84m² 23층 물건이 10억 1천만 원에 거래되었는데, 바로 다음 달에 공덕파크자이 15층 같은 면적 물건이 14억 1,500만 원에 거래되면서 공덕파크자이가 공덕삼성1차보다 무려 40% 높은 가격을 형성했다. 이렇게 신축 아파트가 시세를 이끌자 공덕삼성1차도 2020년에는 14억 7천만 원, 2021년에는 16억 2,500만 원까지 상승해 키 맞추기에 나섰다.

아현동과 공덕동 일대 아파트는 비교적 큰 규모의 재개발을 통해 공급되었기 때문에 주변 환경이 크게 개선되는 효과를 가져왔다. 아파트 주변으로 크고 작은 공원이 생기고, 기존에 없던 생활편의시설이 늘어나고, 주변 도심과 여의도 출퇴근을 고려한 직장인들이 많이 입주하면서 주민들의 소득 수준도 높아졌다. 입주민

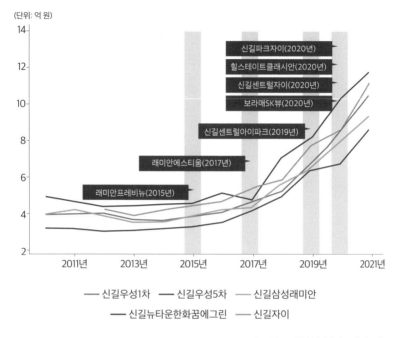

영등포구 신길동 구축 아파트의 시세 추이

(단위: 억 원)

신길파크자이(2020년)
힐스테이트클래시안(2020년)
신길센트럴자이(2020년)
보라매SK뷰(2020년)
신길센트럴아이파크(2019년)
래미안에스티움(2017년)
래미안프레비뷰(2015년)

2011년 2013년 2015년 2017년 2019년 2021년

—— 신길우성1차 —— 신길우성5차 —— 신길삼성래미안
—— 신길뉴타운한화꿈에그린 —— 신길자이

자료: 국토교통부 실거래가 공개시스템

들의 전반적인 만족도가 높아지자 이 지역에 대한 선호도가 개선
되면서 같은 생활권인 인근 구축 아파트까지 높은 관심을 받게 된
것이다. 결국 이러한 선순환이 구축 아파트의 시세 상한선을 크게
올리는 결과를 가져왔다.

신길뉴타운에서도 이와 같은 현상을 관찰할 수 있다. 신길
동 주변 역시 현재 신축 아파트와 구축 아파트가 함께 모여 있
다. 2015년 래미안프레비뷰를 시작으로 2017년 래미안에스티움,

우리, 아파트 딱 100채만 보러 가보자

2019년 신길센트럴아이파크가 입주했다. 2020년에는 보라매SK
뷰, 신길센트럴자이, 힐스테이트클래시안, 신길파크자이 아파트가
들어섰다. 이들 아파트는 서로 인접해 있기 때문에 하나의 거대한
아파트 블록을 형성했다.

신축 아파트가 우후죽순 들어서자 한동안 큰 변동이 없던 주
변 구축 아파트 시세에도 좋은 영향을 미쳤다. 구축 아파트인 신길
우성1차, 신길우성5차, 신길삼성래미안, 신길뉴타운한화꿈에그린,
신길자이의 실거래가 추이를 보면 신축 아파트의 영향력을 실감
할 수 있다. 또 신길뉴타운 역시 대규모 재개발 사업으로 신축 아파
트가 공급되었기에 개발 이전과 완전히 다른 모습으로 변신했다.

1986년에 준공된 신길우성1차는 2010년부터 2016년까지
4억 원대 전후의 시세를 형성하고 있었다. 하지만 반경 1km 안
에 2015년 래미안프레비뉴와 2017년 래미안에스티움이 들어서
자 가격이 움직이기 시작했다. 2018년 8월 신길우성1차 전용면
적 84m² 물건은 6억 8,500만 원에 거래된 반면, 래미안에스티움
전용면적 84m² 물건은 11억 원에 거래되었다. 신축인 래미안에
스티움이 구축인 신길우성1차보다 무려 60% 이상 비싸게 거래
된 것이다. 그러자 저렴한 구축 아파트로 다시 관심이 쏠렸고 벌
어진 갭을 점차 줄여나가기 시작했다. 이후 신길우성1차 전용면적
84m² 물건은 2019년 7억 3천만 원을 돌파했고, 2020년에는 9억

2,500만 원, 2021년에는 10억 5천만 원을 기록했다.

2008년 준공된 신길뉴타운한화꿈에그린의 시세 변화도 눈에 띈다. 이 아파트는 신길뉴타운 한복판에 위치해 있는데, 2017년까지 5억 원대 수준의 시세를 유지하다 주변에 신축 아파트가 들어서기 시작하면서 가격이 움직였다. 서쪽으로는 신길센트럴자이(2020년), 북쪽으로는 래미안프레비뉴(2015년), 동쪽으로는 힐스테이트클래시안(2020년)이 생기면서 신길뉴타운한화꿈에그린의 가격도 상승기류를 탔다. 전용면적 84m2 물건의 경우 2018년에는 8억 9,800만 원, 2019년에는 9억 5천만 원, 2020년에는 12억 원을 기록했다. 이후 2021년 7월에는 12억 9,800만 원에 거래가 이뤄졌다.

저평가된 구축에서
투자 기회를 찾자

이처럼 신축 아파트는 주변 구축 아파트의 시세를 이끄는 힘을 지녔다. 신축 아파트는 주변 구축 아파트보다 한 단계 더 높은 시세를 형성하면서 구축 아파트와의 갭을 벌리게 되고, 그럼 구축 아파트는 그 갭을 서서히 줄여가곤 한다. 따라서 신축 아파트가 지속적으로 공급되는 지역을 찾으면 새로운 투자 기회가 보일 것이다. 당장 신축 아파트를 매수할 여력이 없다면 신축 아파트가 지속적으로 공급되는 지역 주변의 저평가된 구축 아파트를 찾아 보자. 저평가된 구축 아파트를 통해 또 다른 투자 기회를 발견할 수 있을 것이다.

강남 접근성이 아파트 시세를 올린다

지하철 개통으로 강남 접근성이 좋아지자 시세가 상승하는 현상은 신축과 구축을 가리지 않는 것으로 보인다.

새롭게 지하철역이 생기고 교통 환경이 좋아지면 아파트의 주거 환경과 투자 가치는 크게 개선된다. 일반적으로 지하철은 집값을 3번 올리는 것으로 알려져 있다. 신설 계획이 발표될 때, 착공될 때, 그리고 준공될 때에 맞춰 주변 집값이 요동치기 때문이다. 계획 발표 시점에서는 인프라 개선에 대한 기대감이 반영되고, 실제 눈에 보이는 착공이 진행되면 투자자들이 몰리게 된다. 그리고 이어서 준공 이후 실거주 여건이 크게 좋아지면 외부인의 유입이 증가한다.

우리, 아파트 딱 100채만 보러 가보자

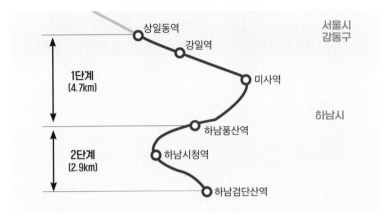

지하철 5호선 하남선 연장 노선도

상일동역
강일역
미사역
1단계
(4.7km)
하남풍산역
하남시청역
2단계
(2.9km)
하남검단산역

서울시
강동구

하남시

자료: 국토교통부

특히 지하철 개통으로 강남 접근성이 좋아지면 그 효과는 더욱 크게 나타난다. 예를 들어 2021년 3월 27일 개통된 지하철 5호선 하남선 연장 구간이 대표적이다. 연장 구간을 통해 상일동역에서부터 강일역, 미사역, 하남풍산역, 하남시청역, 그리고 종착역인 하남검단산역까지 약 7.7km 구간의 5개 역을 이용할 수 있게 되었다. 버스로 약 1시간가량 걸리던 하남에서 잠실역까지를 이제 지하철로 30분이면 닿을 수 있게 된 것이다. 지하철 개통으로 강남 접근성이 개선된 대표적인 사례다.

강남 접근성이 개선되자 아파트 시세도 움직이기 시작했다. 강일역 역세권 아파트 강일리버파크9단지 전용면적 84m² 물건은 지하철 개통 약 1년 전인 2020년 1월까지만 해도 8억 2천만 원에

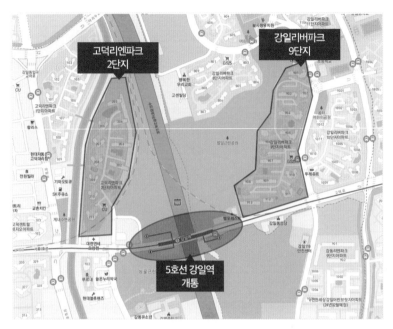

▶ 고덕리엔파크2단지, 강일리버파크9단지 위치

거래되었지만, 지하철 개통 후인 2021년 7월에는 11억 7천만 원에 거래되었다. 강일역에서 불과 약 150m 떨어진 고덕리엔파크 2단지 전용면적 84m² 물건도 2021년 7월 12억 4천만 원에 거래되었는데, 이는 1년 전보다 4억 4천만 원 상승한 값이다.

하남시청역 6번 출구 바로 앞에 위치한 진모루마을현대의 시세 변화도 인상적이다. 전용면적 84m² 19층 물건은 지하철 개통 1년 전까지만 해도 5억 7천만 원에 거래되었는데, 강남권으로의 출퇴근이 크게 개선되면서 시세가 오르기 시작했다. 2021년 3월

우리, 아파트 딱 100채만 보러 가보자

8억 4,500만 원의 실거래가를 기록했고, 2021년 하반기 매매 물건의 호가는 9억 5천만 원 수준에 형성되어 있다.

강남 접근성 개선이
기대되는 사업들

지난 2009년에는 9호선 1단계 개통으로 강남 접근성이 크게 좋아진 가양동, 흑석동, 반포동 아파트들이 큰 폭의 상승을 기록했다. 또 최근에는 5호선 연장 개통으로 강동구와 하남 일대의 아파트들이 상승했다. 그럼 앞으로 어떤 사업이 강남 접근성을 크게 개선시킬 수 있을까?

1. 지하철 9호선 4단계 연장 사업

우선 지하철 9호선 4단계 및 추가 연장 사업이 있다. 9호선은 2009년 1단계, 2015년 2단계, 2018년 3단계 구간이 개통되어 현재는 '개화역~마곡나루역~여의도역~고속터미널역~종합운동장역~중앙보훈병원역'까지 41.4km 구간에 걸쳐 운행 중이다. 4단계 연장 사업은 중앙보훈병원역에서 시작해 길동생태공원역, 한영외고역, 고덕역을 경유해 고덕강일1지구까지 4.12km 구간에

지하철 9호선 4단계 연장 사업

9호선 4단계

9호선

구리시

미사대교

한강

고덕역

상일동역

길동역

하남풍산역

5호선

하남시

자료: 국토교통부

4개 지하철역을 설치하는 사업이다. 고덕역에서는 지하철 5호선
과 환승도 가능하다. 9호선 4단계까지 개통되면 강동 지역과 송
파, 강남, 서초, 동작, 영등포, 강서 지역이 동서로 직접 연결된다.
이 사업은 3개 공구로 나눠서 추진되는데, 이 중 사업자 계약 체결
이 완료된 2공구가 2028년 준공을 목표로 2021년 8월 공사를 시
작했다. 나머지 1공구와 3공구 역시 신속하게 착공하는 것을 목표
로 하고 있다.

고덕강일1지구에서 강일동까지 1.25km를 연장하는 9호선
4단계 연장 사업에 관심을 가져야 하는 이유는 '남양주왕숙·고양

창릉 광역교통개선대책'에 포함된 '서울 강동-하남-남양주 간 도시철도 건설' 사업으로 인해 앞으로는 9호선이 강동을 지나 하남, 남양주까지 연장되기 때문이다. 2021년 9월 기획재정부는 이 사업과 관련한 공공기관 예비타당성 조사를 통과시켰고, 2028년 개통을 목표로 추진 중이다. 이 사업이 완성되면 남양주 왕숙1지구와 왕숙2지구에서 잠실, 삼성, 반포 등 강남 주요 지역으로의 출퇴근이 크게 개선될 것이다. 특히 삼성동 영동대로 개발과 잠실 마이스(MICE) 사업지가 9호선 지하철역을 중심으로 진행되고 있다 보니, 이 두 가지 사업의 파급력은 상당할 것으로 예상된다.

2. 지하철 8호선 연장 사업

지하철 8호선 연장 사업에도 주목할 필요가 있다. 이는 8호선 종점역인 암사역에서 시작해 1,280m 길이의 한강 밑바닥을 통과한 후 구리시와 남양주시 별내읍까지 이어지는 12.906km 구간에 6개 역을 설치하는 1조 3,403억 원 규모의 사업이다. 구리시에서는 경의중앙선 외에는 서울로 나갈 수 있는 지하철 노선이 따로 없기 때문에 이번 사업으로 강남 접근성이 대폭 향상될 것으로 보인다. 2023년에는 남양주시 별내에서 잠실까지 20분대 내로 도착할 수 있을 것으로 보인다.

지하철 개통을 앞두고 구리, 다산, 별내 지역의 아파트 시세

지하철 8호선 연장 사업

자료: 국토교통부

는 상승세를 이어갔다. 신설 예정인 진건역(다산역)에서 불과 약 200m 떨어진 곳에 위치한 다산자연앤롯데캐슬 전용면적 84m² 물건은 2020년 1월 7억 원 수준에서 불과 10개월 만에 9억 원을 넘어섰다. 다시 11개월 후인 2021년 10월에는 21층 매물이 10억 400만 원에 거래되었다. 맞은편에 위치한 다산자연앤e편한세상도 비슷한 흐름을 보였다. 2020년 1월 6억 7천만 원이었던 전용면적 84m² 물건은 2021년 10월 10억 원의 실거래가를 기록했다. 지하철역까지 걸어서 5분이면 도착할 수 있는 초역세권 아파트가 될 수 있는 미래의 유망함이 시세에 반영된 모습이다.

지하철 개통으로 강남 접근성이 좋아지자 시세가 상승하는 현상은 신축과 구축을 가리지 않는 것으로 보인다. 신설되는 별내역에서 약 600m 떨어진 곳에 위치한 별내신도시쌍용예가는

▶ 다산자연앤롯데캐슬, 다산자연앤e편한세상 위치

2012년에 준공된 구축임에도 불구하고 최근 50%가 넘는 상승 폭을 기록했다. 이 아파트 전용면적 101m² 14층 물건의 경우 2021년 11월 10억 원에 거래되었는데, 이는 불과 2년 만에 6억 3,700만 원에서 3억 6천만 원이 넘게 오른 값이다.

3. 제4차 국가철도망 구축계획

좀 더 긴 호흡으로 장기적인 투자를 고려하고 있다면 '제4차 국가철도망 구축계획'을 참고하는 것이 좋다. 이는 2021년부터

제4차 국가철도망 구축계획 중 일부 사업

노선명	사업 구간	사업 내용	연장(km)	총 사업비(억 원)
송파하남선	오금~하남시청	복선전철	12.0	15,401
위례과천선	복정~정부과천청사	복선전철	22.9	16,990
강동하남남양주선	강동~하남~남양주	복선전철	18.1	21,032

자료: 국토교통부

2030년까지 향후 10년간 총 120조 원에 가까운 재원을 투입해 철도 운영의 효율성을 제고하고, 비수도권 광역철도를 확대해 수도권 교통 혼잡을 해소하겠다는 계획이다. 이를 통해 47만 명의 고용 유발 및 255조 원의 경제적 파급 효과를 기대할 수 있게 된다. 여기에는 철도망 구축의 기본 방향과 노선 확충 계획, 소요 재원 조달 방안 등이 담겨 있어 투자에 참고할 부분이 많다.

이 가운데 강남 접근성과 밀접한 관련이 있는 사업으로는 송파하남선, 위례과천선, 강동하남남양주선이 있다. 총 사업비 1조 5,401억 원이 투입되는 송파하남선은 교산신도시와 감일신도시의 교통을 획기적으로 개선해줄 것으로 기대된다. 위례과천선은 위례신도시가 있는 8호선 복정역과 4호선 정부과천청사역을 연결하는 총 연장 22.9km에 이르는 복선전철이다. 총 사업비 약 1조 6,990억 원이 투입될 예정이며, 위례과천선이 개통되면 과천에서 강남까지의 이동시간이 약 15분 단축될 것으로 보인다. 또

우리, 아파트 딱 100채만 보러 가보자

이 노선은 서초구 우면동의 교통을 크게 개선할 것으로 보이는데 수서역(3호선), 구룡역(수인분당선), 양재시민의숲역(신분당선)에서 환승이 가능하기에 강남권 출퇴근이 편리해질 예정이다. 강동하남남양주선은 앞서 언급한 바와 같이 9호선과 함께 시너지 효과를 낼 것으로 보인다. 남양주 왕숙1지구와 왕숙2지구에서 삼성동 영동대로까지의 접근성이 혁신적으로 좋아질 예정이기 때문이다.

3장 핵심요약

- 같은 역세권 입지의 아파트라고 해도 지하철역과 얼마나 가까운지에 따라서 시세 차이가 나기 때문에 개별 동의 입지도 세심하게 살펴봐야 한다.
- 주거 지역의 가치를 높이는 필수 요소로는 '학교' '편의시설' '의료시설' '취미, 레저 관련 시설' '자연 환경' 다섯 가지가 있다.
- 대기업 직장인들이 선호하는 지역은 출퇴근이 편리하다는 공통된 특징이 있다.
- 중소기업의 위치를 기준으로 아파트 입지를 생각해봄으로써 새로운 투자 감각을 키운다면 이전에는 보지 못한 새로운 기회를 발견할 수 있을 것이다.

우리, 아파트 딱 100채만 보러 가보자

- 초등학교와 가까이 있는 아파트 단지는 시세의 이점뿐만 아니라 쾌적한 환경까지 누릴 수 있다는 장점이 있다.
- 명문대 진학률이 우수한 학교 근처는 물론이고, 입시 전문가의 도움을 받을 수 있는 대치동, 목동 등과 같은 유명 학원들이 밀집한 지역은 늘 수요가 풍부하다.
- 신규 아파트 공급이 없던 지역에 새 아파트가 들어서면 지지부진했던 주변 구축 아파트 시세의 상한선은 한순간에 높아진다.
- 강남 접근성이 좋아지자 시세가 상승하는 현상은 신축과 구축을 가리지 않는 것으로 보인다.

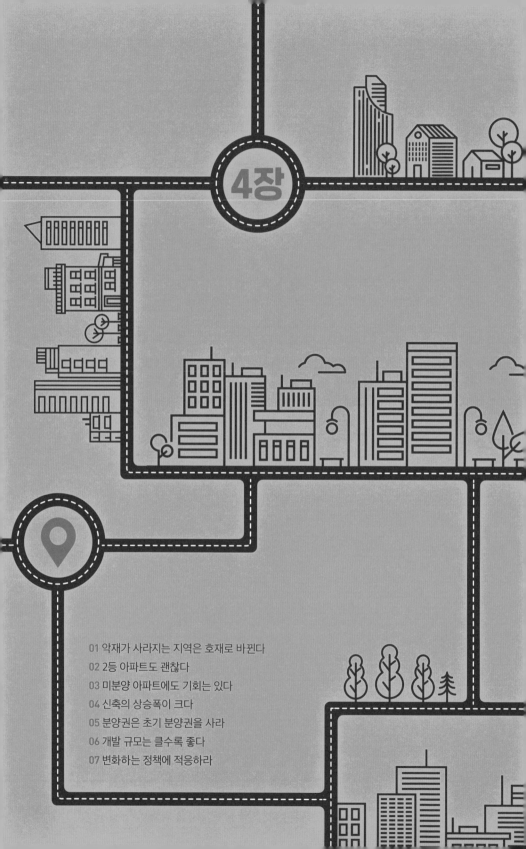

4장

아파트 투자
인사이트

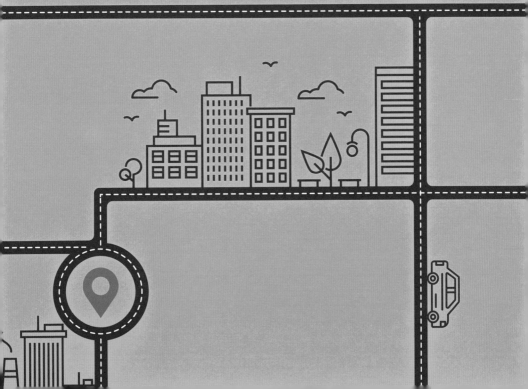

악재가 사라지는 지역은 호재로 바뀐다

기피시설 주변 아파트는 투자 우선순위에서 밀리게 된다. 하지만 바로 이때 '투자 상상력'을 발휘해야 한다.

매물을 검색하다 보면 비슷한 조건의 다른 아파트보다 시세가 저렴한 물건을 발견할 때가 있다. 하지만 이유 없이 저렴한 아파트는 없다. 물건 주변을 살펴보면 교도소, 차량기지, 시멘트공장, 집창촌, 군부대 등 소위 '기피시설'이 근처에 자리 잡고 있다는 것을 알게 된다. 보통 기피시설 주변 아파트는 투자 우선순위에서 밀리게 된다. 하지만 바로 이때 '투자 상상력'을 발휘해야 한다. 도심은 이미 포화 상태이기 때문에 이런 시설은 외각으로 이전되거나 상업시설로 개발될 가능성을 가졌기 때문이다.

새로운 기회는
기피시설 너머에 있다

마포구에서 용산구까지 이어진 6.3km의 선형 공원을 아는가? 바로 '홍대 연트럴파크'라 불리는 경의선숲길이다. 2012년 3월 대흥동 구간을 시작으로 염리동, 연남동, 원효로, 신수동 등을 가로지르는 공원이 2016년에 완성되었다. 버려진 철길이 문화 산책로로 개발되자 이제는 한국을 방문하는 해외 관광객들까지 찾는 유명한 곳이 되었다.

경의선 철길에서 불과 몇 미터 떨어진 거리에 연남동 코오롱하늘채가 있다. 이 아파트 전용면적 102m² 물건은 2016년 2월까지만 해도 5억 5,600만 원에 거래되었다. 하지만 2021년 1월에는 12억 원의 실거래가를 기록했다. 아파트 단지 바로 옆에 붙어 있던 소음과 분진으로 가득한 철길이 젊은 사람들로 붐비는 이색적인 공원으로 변신하면서 재평가를 받게 된 것이다.

한편 구로구 개봉동에는 지난 60년간 기피시설로 불렸던 영등포구치소·교도소가 있었다. 하지만 2011년 영등포구치소·교도소가 구로구 천왕동 서울남부교정시설로 이전되면서 상황이 달라졌다. 기피시설이 있던 자리는 2,205세대의 초고층 주상복합과 행정

우리, 아파트 딱 100채만 보러 가보자

▶ 경의선숲길, 코오롱하늘채 위치

▶ 구 영등포구치소·교도소, 삼환로즈빌, 한마을 위치

타운, 공원 등이 함께 조성되는 대규모 복합 개발 사업이 진행 중이며, 2022년 가을이면 이 지역의 랜드마크로 변신할 예정이다. 주변 생활 여건도 크게 개선될 것으로 보인다.

이러한 변화는 자연스럽게 주변 아파트 시세에도 영향을 미쳤다. 영등포구치소·교도소 바로 옆에 붙어 있던 고척동 삼환로즈빌은 기피시설이 아직 철거 중인 2015년 1월에는 3억 9천만 원이었지만, 영등포구치소·교도소 부지에 새롭게 들어서는 고척아이파크 공사가 한창인 2021년 1월에는 8억 5천만 원에 거래되었다. 또 영등포구치소·교도소 남쪽 구로구 개봉동에 위치한 1,983세대 한마을의 시세 변화도 눈에 띈다. 한마을은 2021년 1월 9억 500만 원에 거래되었는데, 이는 불과 약 6년 사이 5억 5천만 원 오른 것이다.

이렇게 소위 악재라고 여겨지는 기피시설이 외곽으로 이전되거나 대규모로 개발되면 인근 아파트의 입지는 재평가를 받게 된다. 그럼 앞으로는 어느 곳을 주목해야 할까?

1. 차량기지

우선 소음과 분진으로 혐오시설로 인식되고 있는 차량기지 이전을 눈여겨볼 필요가 있다. 도봉구 창동차량기지, 강서구 방화차량기지, 구로구 구로차량기지, 양천구 신정차량기지가 대표적이

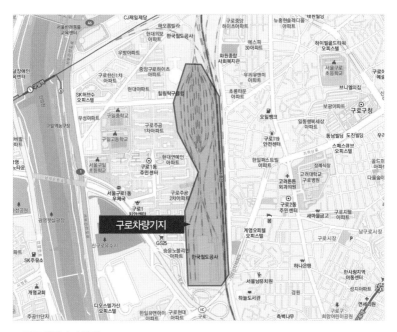

▶ 구로차량기지 위치

다. 창동차량기지는 남양주로의 이전이 확정되었고, 그 자리에는 바이오 의료단지가 들어설 예정이다. 노원구청은 세계 최고 수준의 병원과 기업, 연구소 등을 유치해 새로운 바이오 의료산업 생태계를 구축하겠다는 포부를 밝혔다.

2021년 4월 제4차 국가철도망 구축계획에 구로차량기지를 광명시 노온사동으로 이전하는 사업을 전제로 한 제2경인선이 포함되면서, 현재 구로차량기지 광명 이전 타당성 재조사가 진행되고 있다. 서울시에서는 구로차량기지 25만 3,224㎡ 부지를 상업·업무시설이 어우러진 복합시설로 개발하려는 계획을 세우고 있다. 구로차량기지가 이전되면 현재의 부지는 미니 신도시급으로 거듭 날 것으로 보인다.

방화차량기지 이전은 5호선 연장과 함께 계속 논의되고 있으며, 신정차량기지 이전은 현재 사전 타당성 조사가 진행 중이다.

2. 청량리역 주변

다음으로 청량리역 주변을 살펴볼 필요가 있다. 한때 200여 곳의 성매매 업소가 있던 청량리 집창촌 4만m² 부지가 새롭게 탈바꿈되고 있기 때문이다. 지하 7층~지상 65층의 아파트 4개 동과 오피스텔 1,425세대, 판매시설, 숙박시설 등 각종 상업시설, 공원 3개 소 등을 조성하는 대규모 개발이 추진 중이다. 낙후된 혐오시설이 사라지고 고층 건물이 들어설 것으로 예상되면서 인근 집값도 영향을 받고 있다. 청량리역과 인접한 전농동 래미안크레시티 전용면적 84m² 물건은 2021년 3월 16억 원에 거래되었는데, 불과 3년 전인 2018년 1월 시세는 7억 8천만 원이었다. 전농동 전농신성미소지움 역시 2005년 준공된 소규모 단지임에도 불구하고 시세에 큰 변화가 있었다. 2017년 5월에는 5억 3,500만 원 수준이었지만, 2020년 10월에는 무려 4억 원 오른 9억 5천만 원에 거래되었다.

우리, 아파트 딱 100채만 보러 가보자

3. 성동구치소

한편 송파구 오금역 앞에는 성동구치소가 있었다. 성동구치소는 2017년 문정 법조단지로 이전되었고, 7만 8,785.2m²에 달하는 성동구치소 부지는 현재 활발히 개발 중이다. 1,300가구 아파트 단지와 문화·체육 복합시설, 주민 소통 거점, 청소년 교육시설이 들어설 계획이다.

이러한 성동구치소 부지 개발 계획은 주변 아파트 시세에도 긍정적인 영향을 미쳤다. 성동구치소와 맞닿아 있던 래미안파크팰

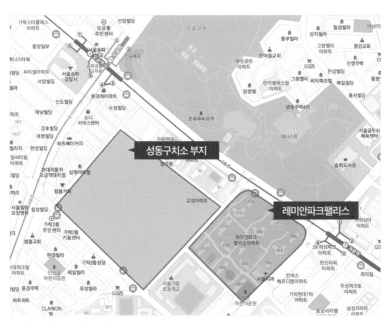

▶ 성동구치소 부지 위치

리스 전용면적 84m² 물건의 경우 2016년 10월 24층 매물이 7억 9천만 원에 거래되었는데, 성동구치소가 이전된 이후 시세가 꾸준히 상승해 2018년 8월 11억 5천만 원에 거래되었다. 성동구치소 이전 전후로 3억 6천만 원의 시세 변동이 생긴 것이다. 시간이 흘러 주변의 악재가 호재로 바뀌는 것을 눈으로 볼 수 있게 되자 시세는 더욱 가파르게 상승했고, 결국 2021년 8월에는 전용면적 84m² 10층 물건이 18억 1천만 원에 거래되었다.

이 밖에도 서울의 장기적인 비전을 고려한다면 2호선 지상철 구간 지하화 계획이 예정된 광진구와 성동구를, 경부고속도로 지하화 사업이 예정된 서초구에도 관심을 둘 필요가 있다.

우리, 아파트 딱 100채만 보러 가보자

2등 아파트도 괜찮다

2등 아파트로 눈을 돌리는 것도 한 방법이다. 2등 아파트의 시세는 결국 1등 아파트를 따라가기 때문이다.

어떤 지역이든 그 지역의 시세를 리딩하는 대장주 아파트가 존재한다. 예를 들면 강남구 개포동 래미안블레스티지, 서초구 반포동 아크로리버파크, 송파구 잠실동 잠실주공5단지, 양천구 목동 신시가지5단지, 강동구 고덕동 고덕래미안힐스테이트 등이 대표적이다. 이들 아파트의 특징 가운데 하나는 바로 그 지역에서 평단가가 가장 높다는 것이다. 지역을 이끄는 1등 아파트니까 좋은 건 알겠는데, 막상 돈 몇 푼이 아쉬운 상황에서는 이렇게 비싼 아파트를 매수하기가 쉽지 않다. 취득세도 내야 하고, 인테리어 공사

도 해야 하고, 이곳저곳 돈 나갈 곳이 많다 보니 수십억 원을 호가
하는 아파트가 부담스럽게 느껴질 수밖에 없다.

이럴 때는 해당 지역의 2등 아파트를 공략하는 것도 한 방법이
다. 연식이 좀 오래되고, 세대수가 더 적고, 아파트 브랜드가 다소
떨어지더라도 2등 아파트는 언제나 1등 아파트의 시세를 따라가
기 때문이다. 오히려 수익률만 놓고 보면 더 좋은 선택이 될 수도
있다.

1등 못지않은
2등도 있다

영등포구 영등포동7가의 대장 아파트는 2017년 8월 입주를
시작한 아크로타워스퀘어다. 5호선 영등포시장역을 도보로 이용
가능한 1,221세대의 신축이고, 가까운 거리에 영중초등학교가 있
다. 2019년 7월 이 아파트의 전용면적 84m² 17층 물건은 12억
1,700만 원에 거래되었다. 전세 시세가 6억 2천만 원 수준이었음
을 감안하면 당시 매수를 위해서는 투자금 6억 원이 필요했다. 약
2년 후인 2021년 5월에는 16억 8천만 원에 거래되었는데, 이는
실거래가 기준으로 4억 6,300만 원 상승한 값이다. 2019년 7월

▶ 경남아너스빌, 아크로타워스퀘어 위치

아크로타워스퀘어, 경남아너스빌 수익률 비교

구분	아크로타워스퀘어 전용면적 84m²	경남아너스빌 전용면적 84m²
2019년 매매가	12억 1,700만 원(2019년 7월)	7억 7천만 원(2019년 5월)
2019년 전세가	6억 2천만 원(2019년 7월)	4억 5천만 원(2019년 6월)
투자금	6억 원	3억 2천만 원
2021년 매매가	16억 8천만 원(2021년 5월)	11억 원(2021년 5월)
차익	4억 6,300만 원	3억 3천만 원
수익률	77%	103%

6억 원을 투자했다고 가정했을 때 세금 등을 고려하지 않고 단순 계산한 수익률은 77%에 달한다.

한편 아크로타워스퀘어 맞은편에는 1998년 입주한 600세대 규모의 경남아너스빌이 있다. 5호선 영등포시장역 역세권에 위치해 있으며, 아크로타워스퀘어와 마찬가지로 영중초등학교를 이용한다. 2019년 5월 경남아너스빌 전용면적 84m² 13층 물건은 7억 7천만 원에 거래되었는데, 2년 후인 2021년 5월에는 19층 매물이 11억 원에 거래되었다. 2021년 하반기 매도 호가는 13억 원 수준이다. 2년 사이 실거래가는 3억 3천만 원, 매도 호가는 약 5억 원 상승한 것이다. 2019년 5월 당시 전세 시세가 4억 5천만 원이었음을 감안하면 필요한 투자금은 3억 2천만 원이었다. 전세를 끼고 매수했을 경우 2년 수익률은 103%에 달한다.

2019년 기준으로 대장 아파트 아크로타워스퀘어를 매수하기 위해서는 6억 원의 투자금이 필요했던 반면, 2등 아파트인 경남아너스빌은 그 절반 정도인 3억 2천만 원밖에 필요하지 않았다. 그럼 투자 결과는 어떨까? 수익률도 투자금의 크기에 비례했을까? 아크로타워스퀘어의 2년간 시세차익은 4억 6,300만 원이었고, 경남아너스빌은 3억 3천만 원이었다. 즉 1억 3천만 원밖에 차이가 나지 않는다. 세금 등을 고려하지 않고 실거래가 차익만으로 계산한 수익률은 아크로타워스퀘어가 77%, 경남아너스빌이 103%다.

투자가 목적이라면 2등 아파트를 매수하는 것도 괜찮은 방법이었던 것이다.

광진구 광장동의 대장 아파트는 5호선 광나루역과 약 300m 떨어진 곳에 위치한 453세대의 광장힐스테이트다. 2012년에 준공된 광장힐스테이트 전용면적 84m² 매물의 시세는 2019년 3월 13억 7천만 원이었고, 전세는 9억 3천만 원 수준이었다. 당시 투자금 4억 4천만 원으로 해당 물건을 매수할 수 있었는데, 약 2년이 지난 2021년 1월 19억 9천만 원에 실거래되면서 6억 2천만 원의 시세차익을 기대할 수 있게 되었다.

광장동에서 광장힐스테이트 다음으로 평단가가 높은 아파트는 2003년 준공된 182세대의 소규모 단지 광장현대홈타운11차다. 지도에서 볼 수 있는 바와 같이 광장힐스테이트와 광장현대홈타운11차는 마치 한 단지처럼 옆에 붙어 있기 때문에 같은 생활권을 공유한다. 2019년 3월 이 아파트 전용면적 84m² 3층 물건은 11억 6천만 원에 거래되었는데, 당시 전세가가 8억 5천만 원 수준이었음을 감안하면 필요한 투자금은 3억 1천만 원이었다. 2021년 3월 2층임에도 불구하고 같은 면적의 물건이 19억 5천만 원에 거래되면서 2년 만에 약 8억 원의 수익을 기대할 수 있게 되었다.

2019년 기준으로 광장동 대장 아파트를 매수하기 위해서는

▶ 광장현대홈타운11차, 광장힐스테이트 위치

광장힐스테이트, 광장현대홈타운11차 수익률 비교

구분	광장힐스테이트 전용면적 84m²	광장현대홈타운11차 전용면적 84m²
2019년 매매가	13억 7천만 원(2019년 3월)	11억 6천만 원(2019년 3월)
2019년 전세가	9억 3천만 원(2019년 5월)	8억 5천만 원(2019년 3월)
투자금	4억 4천만 원	3억 1천만 원
2021년 매매가	19억 9천만 원(2021년 1월)	19억 5천만 원(2021년 3월)
차익	6억 2천만 원	7억 9천만 원
수익률	140%	254%

우리, 아파트 딱 100채만 보러 가보자

4억 4천만 원의 투자금이 필요했던 반면, 2등 아파트는 30%가량 적은 3억 1천만 원이면 충분했다. 그럼 수익률은 어떨까? 광장현대홈타운11차의 경우 2년 만에 약 8억 원의 시세차익이 발생하면서 오히려 1등 아파트보다 수익률이 월등히 좋았다. 광장힐스테이트에 비해 준공 연도가 9년이나 더 오래되었고, 세대수도 절반 이하지만 수익률은 투자금 대비 무려 254%에 달한다.

안정적으로 자산을 키우기 위해서는 해당 지역의 시세를 이끄는 대장 아파트를 사는 것이 좋다. 하지만 금전적인 여유가 없을 때는 2등 아파트로 눈을 돌리는 것도 한 방법이다. 2등 아파트의 시세는 결국 1등 아파트를 따라가기 때문이다.

미분양 아파트에도 기회는 있다

불투명한 시장 상황은 아파트가 가진 탁월한 입지를 가려 현명한 판단을 하지 못하게 만든다.

시간이 지나고 나서야 깨닫게 되는 것 중에 하나는 바로 '기회'다. 그렇게 놓친 기회 중 아쉬움이 많이 남는 것이 미분양 아파트다. 대표적인 미분양 사례는 다음과 같다.

1. 반포자이

돌이켜보면 그동안 수많은 기회가 우리를 찾아왔다. 그중 하나가 반포자이다. 2007년 미국에서 발생한 서브프라임 모기지 사태로 인해 2008년 세계 금융 시장은 침체기를 맞았다. 이러한 상황에서 2008년 6월 반포자이가 분양을 시작했다. 1순위에서 2.02 대 1의 청약경쟁률을 기록했지만, 일반분양 당첨자 가운데 40% 가 계약을 포기하는 사태가 벌어졌다. 불황의 여파로 분양가가 너무 높다고 생각한 것이다. 당시 전용면적 84m² 물건의 최고 분양가는 11억 7,729만 원이었다. 같은 면적의 2021년 11월 호가는 38억 원에 달한다.

2. 래미안퍼스티지

2008년 10월 426가구를 분양한 래미안퍼스티지의 청약 역시 3순위까지 가야 했다. 미분양을 해결하기 위해 당시 GS건설과 삼성물산은 미국에서 교포를 상대로 투자설명회를 열기도 했다. 분양 당시 전용면적 84m²의 최고 분양가는 11억 2,700만 원이었지만, 2021년 하반기 호가는 40억 원에 달한다. 그때 자신만의 기준으로 기민하게 움직인 사람들은 모두 큰 수익을 봤지만 대부분은 천금 같은 기회를 그냥 놓치고 말았다.

3. 목동힐스테이트

2014년 양천구 신정동에 위치한 목동힐스테이트는 미분양과 공사 중단이라는 역경을 겪었다. 신정4구역을 재개발해 지은 이 아파트는 분양 당시 일반분양 425가구 가운데 70여 가구만 분양되었다. 분양 실적이 저조하자 건설사는 조합에게 할인 분양을 요구했고, 양측의 갈등이 깊어져 공사가 중단되는 사태까지 벌어지고 말았다. 결국 전용면적 3.3m²당 2,200만 원 수준이었던 분양가를 1,750만~1,850만 원으로 할인한 뒤에야 미분양 문제가 해결되었다. 분양가 6억 9천만 원이었던 전용면적 84m² 물건은 2021년 6월 기준으로 17억 5천만 원에 실거래되었고, 매물 호가는 19억 원에 달한다. 목동힐스테이트는 지하철 2호선 지선인 신정네거리역에 위치해 있다는 점과 행정 구역상 신정동이기에 목동 초등학교 학군 공유가 불가하다는 점이 약점으로 지적되었다. 하지만 마곡, 여의도 등 주변 업무지구로의 출퇴근이 편리해 시장에서 높은 평가를 받고 있다.

4. 서울역센트럴자이

2014년 11월에는 1,341세대의 서울역센트럴자이가 분양을 했다. 하지만 아파트가 위치한 만리동과 서울역 주변 환경에 대한 부정적인 인식으로 인해 미분양되는 일이 벌어졌다. 이후 대기업, 금융사 및 여러 관공서가 모여 있는 시청, 을지로로의 출퇴근이 용이하다는 점, 지하철 1호선, 4호선, 경의선, 공항철도, KTX를 편리하게 이용할 수 있다는 점, 그리고 GTX A, GTX B 노선과 신분당선까지 계획되어 있는 부분이 긍정적으로 작용했다. 전용면적

우리, 아파트 딱 100채만 보러 가보자

84m² 물건의 최고 분양가는 6억 9,950만 원이었지만, 2021년 하반기에는 호가가 21억 원까지 상승한다.

5. 아크로타워스퀘어

1,221세대의 영등포구 아크로타워스퀘어 역시 2014년 10월 655가구를 일반분양했는데, 당시 수개월이 지나도록 전용면적 84m², 전용면적 115m² 220가구가 미분양으로 남았다. 영등포 유흥가와 가까워 교육 여건이 좋지 않았던 점이 가장 큰 장애물이었다. 하지만 당시 '2030 서울플랜'에 의하면 영등포 일대는 강남, 광화문과 함께 국제 금융 중심지와 국제 업무 중심지의 기능을 담당하는 첨단 도시로 발전할 예정이었다. 결국 최고 분양가 6억 8,790만 원이었던 전용면적 84m² 물건은 새롭게 평가를 받기 시작했고, 2021년 9월 33층 물건이 17억 5천만 원에 매매되었다.

6. 경희궁자이

2014년 GS건설이 분양한 경희궁자이도 미분양이 났다. 일반분양 1,085가구에 대한 1순위 청약자는 3,020명으로 전체 경쟁률은 2.88 대 1을 기록했지만 전용면적 84m²의 경우 10개 주택형 중 2개형만 1순위 마감되었다. 심지어 전용면적 84m²E형의 경우 33가구를 모집했지만 7명의 지원자만 신청했다. 미분양의 주요 원인은 분양가가 높다는 인식이 있었기 때문이었다. 실제로 경희궁자이는 당시 서울 강북 지역 일반 아파트 중에서 가장 비싼 아파트였다. 하지만 경희궁자이는 대단지 아파트의 프리미엄을 누릴 수 있는 곳이었고, 지하철 5호선 서대문역과 버스 중앙차선도 도보 5분 거리에 위치해 있었다. 또 최적의 교통 편의성을 지니고 있어 광화문, 시청, 을지로뿐만 아니라 마포, 여의도로 출퇴근하는 직장인들에게 인기가 높았다. 전용면적 84m² 물건의 최고 분양가는 약 7억 8천만 원이었는데, 이후 2021년 10월에는 5층 물건이 22억 1,800만 원에 거래되었다.

7. 마포래미안푸르지오

마포래미안푸르지오도 미분양을 피할 수 없었다. 마포래미안푸르지오는 3,885세대의 대단지 아파트로 일반분양 물량은 886가구에 달했다. 2013년 당시 분양가는 전용면적 3.3m²당 평균 2,035만 원으로 전용면적 84m²의 경우 7억 4천만 원 수준이었다. 지금의 가격을 떠올리면 굉장히 저렴한 수준이지만 분양 성적은 좋지 않았다. 특히 전용면적 114m²의 경우 371가구 중 276가구가 미달되기도 했다. 마포구 아현동이 지닌 달동네 이미지가 악재로 작용했다. 결국 '아현'을 빼고 '마포'를 붙인 명칭으로 아파트 단지명을 바꾸기까지 했다. 단지 인근에 지하철 2호선 아

대표적인 미분양 사례

아파트명	분양 시기	분양가 (전용면적 84m²)	매물 호가 (2021년 8월)	시세 차이
반포자이	2008년	11억 7,729만 원	35억 원	+23억 2,271만 원
래미안퍼스티지	2008년	11억 2,700만 원	37억 원	+25억 7,300만 원
목동힐스테이트	2014년	6억 9천만 원	18억 원	+11억 1천만 원
서울역 센트럴자이	2014년	6억 9,950만 원	21억 원	+14억 50만 원
아크로타워 스퀘어	2014년	6억 8,790만 원	18억 원	+11억 1,210만 원
경희궁자이	2014년	7억 8천만 원	20억 원	+12억 2천만 원
마포래미안 푸르지오	2013년	7억 4천만 원	20억 원	+12억 6천만 원
텐즈힐2단지	2012년	6억 7천만 원	18억 원	+11억 3천만 원
영등포아트자이	2012년	5억 9천만 원	15억 원	+9억 1천만 원
래미안밤섬 리베뉴1차	2012년	6억 8천만 원	18억 원	+11억 2천만 원

현역, 5호선 애오개역뿐만 아니라 도보 10분 거리에 지하철 5호선, 6호선, 경의선, 공항철도를 이용 가능한 공덕역까지 있어 이후 뒤늦게 뛰어난 직주근접이 재평가받게 되었고, 주변에 신축 아파트까지 들어서자 가격이 함께 뛰어올랐다. 2021년 10월 전용면적 84m² 물건은 19억 4천만 원에 실거래되었다.

준비된 사람만이
기회를 잡는다

뒤늦게 빛을 본 미분양 아파트의 공통점은 부동산 시황이 좋지 않을 때 분양을 했다는 점이다. 불투명한 시장 상황은 아파트가 가진 탁월한 입지를 가려 현명한 판단을 하지 못하게 만든다. 하지만 시간이 지나면 경제 상황은 다시 회복되기 마련이다. 본연의 입지가 좋으면 오래되지 않아 결국 제대로 된 평가를 받게 된다.

그 누구도 앞으로의 전망에 대해 단언할 수는 없다. 그저 예측할 뿐이다. 예측의 확률을 높이는 것은 직감이다. 직감은 오랜 시간에 걸친 수많은 분석과 현장에서 쌓은 경험을 바탕으로 짧은 시간에 내리는 판단력을 뜻한다. 그 예측의 오차범위를 좁혀나가기 위해서 계속 공부해야 하며, 늘 부동산 현장에 관심을 둬야 한다.

우리, 아파트 딱 100채만 보러 가보자

신축의
상승폭이 크다

더 나은 환경에서 살고 싶은 기본적인 욕구로 인해 신축 아파트의 인기는 계속될 것으로 보인다.

'3만 명 몰린 반값 동탄 아파트... 평균경쟁률 134.92:1'

한 아파트 청약 결과에 관한 신문 헤드라인이다. 새 아파트에 대한 선호 현상이 갈수록 강해지고 있음을 잘 보여주고 있다. 부동산 시장에서 새 아파트의 인기가 높은 이유는 무엇일까? 우선 새 아파트는 공간 활용도가 높은 평면을 제공한다. 전용면적 59㎡도 이제는 4베이 구조를 가지고 있다. 전용면적 84㎡의 경우에는 널찍한 드레스룸은 물론이고, 알파룸과 팬트리 공간까지 제공된다. 주차장도 전면 지하주차장으로 설계되기 때문에 어린 아이가 단지 내에서 마음껏 안전하게 뛰어놀 수 있다. 또 크게 향상된 커뮤니티 시설을 누릴 수 있다. 인피니티 수영장, 스카이라운지, 피트니스센터, 골프연습장, 독서실, 키즈카페, 조식 서비스 등을 제공한다. 하지만 무엇보다도 신축 아파트의 장점은 가격 상승의 폭이 크고, 그 속도 역시 빠르다는 데 있다.

신축 아파트에
주목해야 하는 이유

한 부동산 정보회사에 따르면 2020년 기준 준공 후 1~5년 차 아파트와 10년 초과 아파트의 공급면적 3.3m²당 가격은 각각 2,092만 원, 1,439만 원이라고 한다. 무려 653만 원 차이다. 전용면적 84m²로 환산하면 가격 차이는 약 2억 2천만 원에 달한다. 가격 상승 속도도 신축 아파트가 더 빨랐다. 2020년 기준으로 준공 후 10년이 넘은 아파트가 13.4% 오를 동안, 준공 후 1~5년 차 아파트는 16.4% 상승했다.

종로구를 대표하는 경희궁자이는 2017년 2월 입주를 시작했다. 2,533세대, 30개 동으로 구성된 경희궁자이의 전용면적 84m²

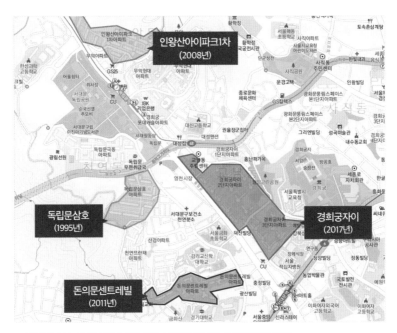

▶ 경희궁자이, 돈의문센트레빌, 인왕산아이파크1차, 독립문삼호 위치

경희궁자이, 돈의문센트레빌, 인왕산아이파크1차, 독립문삼호 시세 추이

아파트명	준공	2017년	2021년	변동
경희궁자이	2017년	7억 8,500만 원 (분양가)	19억 3천만 원 (4월)	+11억 4,500만 원
돈의문 센트레빌	2011년	7억 7,500만 원 (5월)	15억 1천만 원 (4월)	+7억 3,500만 원
인왕산 아이파크1차	2008년	7억 4천만 원 (5월)	14억 5천만 원 (5월)	+7억 1천만 원
독립문삼호	1995년	5억 2,700만 원 (2월)	10억 6천만 원 (3월)	+5억 3,300만 원

자료: 국토교통부 실거래가 공개시스템

물건의 분양가는 7억 8,500만 원 수준이었다. 하지만 입주 4년 후인 2021년 4월 같은 평수 19층 3단지 물건은 분양가 대비 무려 11억 4,500만 원 상승한 19억 3천만 원에 거래된다.

이제 경희궁자이 인근에 있는 구축 아파트의 시세 변화를 살펴보자. 경희궁자이 남쪽으로는 2011년에 준공된 561세대 돈의문센트레빌이 있다. 2017년 5월 7억 7,500만 원에 거래되었지만, 2021년 4월 15억 1천만 원까지 상승했다. 3호선 독립문역 인근에는 2008년에 준공된 810세대의 인왕산아이파크1차가 있다. 2017년 5월 10층 물건이 7억 4천만 원에 거래되었는데, 이후 꾸준히 상승해 2021년 5월 14억 5천만 원에 거래되었다. 경희궁자이 맞은편에는 준공 26년 차인 독립문삼호가 있다. 2017년 2월 12층 물건이 5억 2,700만 원에 거래되었고, 4년 후인 2021년 3월에는 5층 물건이 5억 3,300만 원 오른 10억 6천만 원에 거래되었다. 4년간의 시세 상승률은 경희궁자이가 145%, 돈의문 센트레빌이 94%, 인왕산아이파크1차가 95%, 독립문삼호가 101%를 기록했다. 신축과 구축의 시세 상승률 차이가 많게는 50%p까지 벌어진 것이다.

강동구에서도 신축 아파트는 높은 상승률을 기록했다. 2020년 2월 입주한 고덕아르테온의 경우 입주 1년 만인 2021년 2월 전용면적 84m² 12층 물건이 18억 6,500만 원에 거래되었다. 2017년

10월 분양 당시 같은 면적의 최고 분양가 8억 5,784만 원과 비교하면 10억 원 상승한 값이다. 2017년 6월에 분양을 시작해 2019년 12월에 입주한 고덕센트럴아이파크는 입주 1년 후인 2021년 1월 전용면적 84m² 물건이 16억 1천만 원에 매매되었다. 이는 같은 면적의 최고 분양가 8억 1,300만 원의 약 2배에 달한다. 한편 2011년에 입주한 1,142세대 고덕아이파크는 위 두 아파트가 분양을 하던 2017년 가을 8억 6천만 원 수준에서 거래되었다. 이후 2021년 1월에는 6억 2천만 원 오른 14억 8천만 원에 거래되면서 시세 상승률 72%를 기록했다.

주목해야 할
신축 아파트

이렇게 신축 아파트는 높은 시세 상승률을 기록하며 많은 인기를 얻고 있다. 더 나은 환경에서 살고 싶은 기본적인 욕구로 인해 신축 아파트의 인기는 계속될 것으로 보인다. 그럼 앞으로 우리는 어느 곳을 주목해야 할까? 2022년에 입주를 앞두고 있는 서울 신축 아파트 단지 중 일부는 다음과 같다.

2022년 입주 예정인 서울 신축 아파트

입주 시기	지역	아파트명	세대수	시공사
2022년 1월	서울시 광진구 화양동	e편한세상광진그랜드파크	730	대림산업
	서울시 성북구 길음동	롯데캐슬클라시아	2,029	롯데건설
	서울시 송파구 거여동	송파시그니처롯데캐슬	1,945	롯데건설
2022년 2월	서울시 동작구 동작동	이수스위첸포레힐즈	366	KCC건설
	서울시 송파구 거여동	호반써밋송파1차	689	호반건설
	서울시 송파구 거여동	호반써밋송파2차	700	호반건설
2022년 3월	서울시 은평구 증산동	DMC센트럴자이	1,388	GS건설
	서울시 성북구 보문동	보문리슈빌하우트	465	계룡건설
	서울시 양천구 신정동	호반써밋목동	407	호반건설
	서울시 용산구 효창동	효창파크뷰데시앙	384	태영건설
2022년 4월	서울시 강북구 미아동	꿈의숲한신더휴	203	한신공영
	서울시 강남구 역삼동	역삼센트럴아이파크	499	현대산업개발
2022년 7월	서울시 서대문구 남가좌동	DMC금호리첸시아	450	금호산업
	서울시 영등포구 신길동	더샵파크프레스티지	799	포스코건설
2022년 8월	서울시 동대문구 용두동	래미안엘리니티	1,048	삼성물산
	서울시 서초구 잠원동	르엘신반포센트럴	596	롯데건설
2022년 9월	서울시 관악구 신림동	힐스테이트관악뉴포레	1,143	현대엔지니어링
	서울시 종로구 충신동	힐스테이트창경궁	182	현대건설
2022년 10월	서울시 서대문구 홍제동	서대문푸르지오센트럴파크	832	대우건설
2022년 11월	서울시 강서구 화곡동	우장산숲아이파크	576	현대산업개발
	서울시 서대문구 홍은동	힐스테이트홍은포레스트	623	현대건설
	서울시 서대문구 홍은동	e편한세상홍제가든플라츠	481	대림산업
2022년 12월	서울시 서초구 잠원동	르엘신반포	280	롯데건설

우리, 아파트 딱 100채만 보러 가보자

분양권은
초기 분양권을 사라

신축 아파트 공급이 지속적으로 이뤄지는 지역이라면 초기에 분양된 아파트에 관심을 갖는 것이 유리하다.

수서까치마을과 잠실파크리오에 이어 필자가 세 번째로 투자한 강남 아파트는 래미안개포루체하임이었다. 개포택지개발지구가 대규모 아파트 단지로 변신하는 초기에 분양된 새 아파트라는 점에 매력을 느꼈기 때문이다. 인플레이션으로 인해 이후 개포택지개발지구에서 분양하는 아파트의 분양가가 이보다 더 높아질 것이라고 판단했다. 시간이 지날수록 인건비도 오르고 자재 가격도 오를 것이기에, 아파트 분양가 역시 당연히 오른다고 보는 것이 합리적이었기 때문이다.

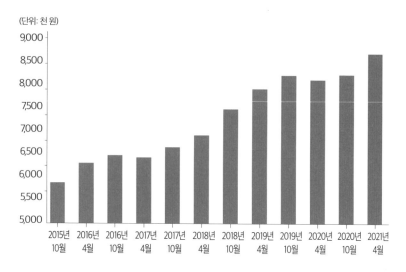

서울 신축 아파트 ㎡당 분양가

(단위: 천 원)

자료: 통계청, 주택도시보증공사

실제로 서울 신축 아파트의 분양가는 꾸준하게 상승하고 있다. 2015년 10월 584만 1천 원이었던 서울 신축 아파트 ㎡당 분양가는 2021년 3월 857만 3천 원까지 올랐다. 5년이 지난 사이 약 47% 상승한 것이다.

건설업에 종사하는 일반공사 직종의 평균 하루 임금 역시 가파르게 상승했다. 건설 현장에서 하루 8시간 근무 기준으로 2010년 상반기 하루 평균 임금은 11만 4,847원이었다. 하지만 2021년 상반기에는 약 91% 상승한 21만 9,213원을 기록했다. 11년 만에 거의 2배 오른 것이다.

우리, 아파트 딱 100채만 보러 가보자

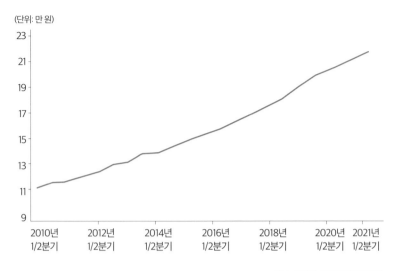

건설업 일반공사 직종 평균 하루 임금

(단위: 만 원)

자료: 통계청, 주택도시보증공사

자재 가격도 무섭게 올랐다. 건설 현장에서 빠질 수 없는 자재 중 하나는 바로 철근이다. 2021년 3월 톤당 77만 원이었던 철근 가격은 6월에 136만 원으로 급등했다. 급기야 자재를 구할 수 없어 한 달 가까이 공사가 중단되는 현장도 등장하고 말았다. 국토교통부가 집계한 자료에 따르면 2021년 6월 초 철근 납품 지연으로 공공발주 공사가 지연된 사례는 전라남도 72곳, 경상남도 50곳, 전라북도 47곳, 강원도 46곳 등 전국적으로 338곳에 이르는 것으로 나타났다.

꾸준히 상승하고 있는
신축 아파트 분양가

이처럼 여러 이유로 아파트 분양가가 점차 상승할 것이라는 예상은 현실로 나타났다.

래미안개포루체하임은 2016년 6월에 분양했다. 당시 전용면적 59m²의 최고 분양가는 9억 7,900만 원이었다. 이후 2017년 9월 개포시영을 재건축한 개포래미안포레스트가 분양했다. 전용면적 59m²의 최고 분양가는 11억 2,900만 원으로 래미안개포루체하임에 비해 1억 5천만 원 상승했다. 그리고 2019년 5월 디에이치포레센트 전용면적 59m²가 래미안개포루체하임 대비 3억 4,250만 원 상승한 13억 2,150만 원에 분양을 마쳤다. 이어서 2020년 1월 개포프레지딘스자이 역시 래미안개포루체하임보다 2억 7천만 원 상승한 12억 4,900만 원에 분양을 마쳤고, 6개월 후인 2020년 7월에는 디에이치퍼스티어아이파크가 무려 13억 2,500만 원에 분양을 마쳤다.

수색증산뉴타운에서도 이와 같은 현상을 확인할 수 있다. 2017년 6월에 분양한 DMC롯데캐슬더퍼스트 전용면적 84m²의 최고 분양가는 5억 8,700만 원이었다. 2018년 12월에는 DMCSK

우리, 아파트 딱 100채만 보러 가보자

개포택지개발지구 분양가 추이

분양 시기	아파트명	전용면적 59m² 최고 분양가	분양가 상승
2016년 6월	래미안개포루체하임	9억 7,900만 원	기준
2017년 9월	개포래미안포레스트	11억 2,900만 원	+1억 5천만 원
2019년 5월	디에이치포레센트	13억 2,150만 원	+3억 4,250만 원
2020년 1월	개포프레지던스자이	12억 4,900만 원	+2억 7천만 원
2020년 7월	디에이치퍼스티어아이파크	13억 2,500만 원	+3억 4,600만 원

뷰가 이보다 1억 3,920만 원 더 높은 7억 2,620만 원에, 2020년 7월에는 DMC센트럴자이가 1억 4,700만 원 더 높은 7억 3,400만 원에 분양을 마쳤다. 8월에는 DMCSK뷰아이파크포레와 DMC아트포레자이가 각각 9,730만 원, 1억 2천만 원 더 높은 6억 8,430만 원, 7억 700만 원에 분양을 마쳤다. 마지막으로 2020년 12월에 분양한 DMC파인시티자이는 1억 4,100만 원 더 높은 7억 2,800만 원에 분양을 마쳤다.

살펴본 바와 같이 신축 아파트 공급이 지속적으로 이뤄지는 지역이라면 초기에 분양된 아파트에 관심을 갖는 것이 유리하다. 그럼 앞으로는 어떤 지역을 눈여겨봐야 할까? 대표적으로 광명뉴타운과 거여마천뉴타운이 있다.

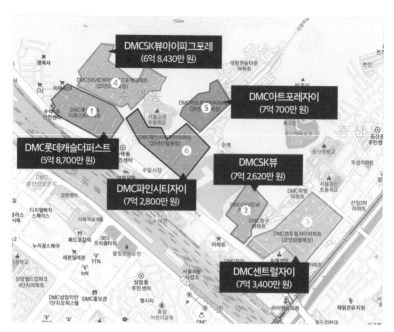

▶ 수색증산뉴타운 신축 아파트 위치 및 전용면적 84m² 분양가

수색증산뉴타운 분양가 추이

번호	분양 시기	아파트명	전용면적 84m² 최고 분양가	분양가 상승
1	2017년 6월	DMC롯데캐슬더퍼스트	5억 8,700만 원	기준
2	2018년 12월	DMCSK뷰	7억 2,620만 원	+1억 3,920만 원
3	2020년 7월	DMC센트럴자이	7억 3,400만 원	+1억 4,700만 원
4	2020년 8월	DMCSK뷰아이파크포레	6억 8,430만 원	+9,730만 원
5	2020년 8월	DMC아트포레자이	7억 700만 원	+1억 2천만 원
6	2020년 12월	DMC파인시티자이	7억 2,800만 원	+1억 4,100만 원

우리, 아파트 딱 100채만 보러 가보자

어떤 지역을
주목해야 할까?

경기도 광명시 광명동, 철산동 일대 광명뉴타운은 총 231만 9,545m² 규모로 개발이 진행 중이다. 현재 총 11개 구역 2만 5천 여 가구의 재개발 정비사업이 추진 중이고, 4개 구역 7,400여 가 구는 재건축 사업을 추진 중이다. 총 3만 2천여 가구의 아파트가 들어설 예정이니 초기에 분양하는 아파트를 눈여겨보자. 또한 송 파구 거여동, 마천동 일대에도 재개발을 통해 1만여 가구의 아파 트가 순차적으로 들어설 예정이므로 관심을 기울여야 한다.

광명뉴타운 현황

구역명	조합원 수 (계획 세대수)	추진위 승인 (조합설립인가)	사업시행인가 (관리처분계획인가)	시공사	추진 현황 (2020년 4월 28일 기준)
광명 1R	2,605 (3,585)	2010년 12월 23일 (2012년 1월 11일)	2016년 6월 24일 (2020년 4월 28일)	GS건설, 포스코건설, 한화건설	이주 중
광명 2R	2,544 (3,344)	2011년 2월 23일 (2012년 3월 23일)	2016년 10월 28일 (2018년 11월 9일)	대우건설, 롯데건설, 현대엔지니어링	철거 중
광명 4R	1,373 (1,957)	2011년 2월 28일 (2016년 6월 30일)	2018년 6월 22일 (2020년 1월 28일)	현대산업개발	이주 중
광명 5R	2,066 (3,091)	2010년 12월 17일 (2011년 11월 1일)	2017년 12월 1일 (2019년 10월 25일)	GS건설, 현대건설, SK에코플랜트	이주 중
광명 9R	892 (1,498)	2010년 5월 27일 (2012년 9월 3일)	2019년 11월 7일	롯데건설	관리처분 계획인가 준비 중
광명 10R	527 (1,051)	2010년 5월 6일 (2012년 8월 31일)	2017년 9월 7일 (2019년 3월 29일)	호반건설	철거 중
광명 11R	3,263 (4,314)	2010년 7월 29일 (2016년 4월 15일)	2019년 8월 29일	현대건설, 현대산업개발	관리처분 계획인가 준비 중
광명 12R	1,173 (2,097)	2011년 5월 24일 (2016년 9월 23일)	2020년 3월 27일	GS건설	관리처분 계획인가 준비 중
광명 14R	663 (1,187)	201 4월 14일 (2011년 1월 31일)	2016년 8월 25일 (2018년 6월 21일)	대우건설, 한화건설	착공
광명 15R	836 (1,335)	2010년 10월 8일 (2011년 10월 14일)	2016년 3월 9일 (2017년 8월 25일)	대우건설	착공
광명 16R	661 (2,104)	2010년 7월 23일 (2011년 7월 1일)	2015년 8월 18일 (2016년 10월 14일)	GS건설, 두산건설	1단지 착공, 2단지 부분 준공

자료: 광명시청

우리, 아파트 딱 100채만 보러 가보자

거여마천뉴타운 현황

사업명	대지 위치	사업 개요	추진 경위
거여2 재정비 촉진구역 제1지구 주택재개발 정비사업	거여동 180번지 일대	· 면적: 9만 8,438.6m² · 용적률: 274.9% · 지하 3층~지상 33층 · 1,945세대 (임대 368호)	· 13. 08. 16: 사업시행인가 · 15. 04. 30: 관리처분계획인가 · 19. 02. 01: 착공 신고 · 21. 12: 공사 준공(예정)
거여2 재정비 촉진구역 제2지구 주택재개발 정비사업	거여동 234번지 일대	· 면적: 6만 1,806.7m² · 용적률: 277.0% · 지하 4층~지상 33층 · 1,199세대 (임대 227호)	· 12. 04. 26: 사업시행인가 · 15. 07. 02: 관리처분계획인가 · 16. 12. 30: 착공 신고 · 20. 06. 26: 부분 준공 · 21. 05. 14: 준공
마천1 재정비 촉진구역 주택재개발 정비사업	마천동 194- 1번지 일대	· 면적: 14만 8,498m² · 용적률 227.4% · 지하 2층~지상 25층 · 2,413세대 (임대 395호)	· 20. 01. 02: 촉진구역 지정 · 20. 11. 26: 추진위원회 승인 (동의율 63.57%)
마천3 재정비 촉진구역 주택재개발 정비사업	마천동 283번지 일대	· 면적: 13만 3,830m² · 용적률 270.5% · 지하 2층~지상 25층 · 2,473세대 (임대 421호)	· 17. 06. 01: 촉진구역 지정 · 18. 05. 03: 추진위원회 승인 (동의율 64.26%) · 20. 06. 22: 조합설립인가 (동의율 81.38%)
마천4 재정비 촉진구역 주택재개발 정비사업	마천동 323번지 일대	· 면적: 6만 653m² · 용적률 300% · 지하 3층~지상 33층 · 1,383세대 (임대 307호)	·12. 07. 26: 촉진구역 지정 · 15. 07. 24: 조합설립인가 (동의율 79.20%) ·21. 04. 02: 사업시행인가
마천 시장 정비사업	마천동 140-3 일대	· 면적: 9,757m² · 용적률 400% 이하 · 지하 5층~지상 15층 · 185세대	· 04. 03. 05: 추진위원회 승인 · 08. 08. 28: 촉진계획 결정 · 16. 01. 25: 사업추진계획 승인 신청 · 21. 01. 22: 추진위원회 변경 승인 · 21. 하반기: 추진계획 승인 신청(예정)

자료: 송파구청

개발 규모는
클수록 좋다

'거거익선'은 아파트 전용면적에만 적용되는 것은 아니다. 개발 호재 역시 크면 클수록 좋다.

코로나19 이후 새롭게 등장한 주택 시장의 주요 트렌드는 바로 '거거익신(巨巨益善)'이다. '크면 클수록 좋다'는 뜻으로, 코로나19 사태로 재택근무가 늘어나자 사람들이 현재의 주거 공간보다 좀 더 넓고 쾌적한 집을 찾기 시작하면서 떠오른 말이다.

'거거익선'은 아파트 전용면적에만 적용되는 것은 아니다. 개발 호재 역시 크면 클수록 좋다. 개발 호재의 종류는 다양하다. 예를 들어 전통시장 현대화 사업은 해당 지역 발전에 큰 도움이 된다. 아파트 단지 주변에 근린공원이 조성되는 것 역시 쾌적한 생

우리, 아파트 딱 100채만 보러 가보자

활에 도움이 된다. 마찬가지로 광역버스 노선 신설도 출퇴근이 편리해지니 참 좋은 호재다. 물론 재건축·재개발과 같은 도시정비사업도 빼놓을 수 없다. 우리는 이 중 실현 가능성이 높은 대형 개발 사업에 주의를 기울여야 한다. 규모가 클수록 아파트 시세에 긍정적인 영향을 미칠 것이기 때문이다. 그럼 앞으로 어떤 개발 사업에 관심을 가져야 할까?

규모가 크고 유망한
여섯 가지 개발 사업

1. 국제교류복합지구 개발

가장 먼저 살펴볼 개발 사업은 '천지개벽'이라는 수식어가 붙는 국제교류복합지구다. 서울시는 코엑스에서부터 잠실종합운동장을 잇는 199만m²에 달하는 지역을 국제교류복합지구로 지정하고, 서울의 미래 경쟁력을 담보하는 공간으로 육성하고 있다. 해당 지역에서 국제 업무, 전시·컨벤션 등 마이스(MICE) 산업 중심으로 계획적인 개발이 진행되고 있다.

특히 잠실야구장의 30배 면적에 달하는 영동대로 지하 공간은 교통 허브이자 세계적인 명소로 개발된다. 해당 사업에는 1조

▶ 국제교류복합지구 개발 조감도

원이 넘는 사업비가 투입되며, 준공은 2027년 12월로 계획되어 있다. 전체 시설의 면적은 약 22만m²에 달하며, 지하 4~7층엔 GTX, 도시철도, 버스 등을 위한 복합환승센터가 들어서고, 지하 2~3층엔 상업 공간이 조성된다. 기존 도로는 지하화하고, 지상에는 코엑스와 현대자동차그룹 글로벌비즈니스센터(GBC)를 잇는 1만 8천m²의 녹지광장이 들어설 예정이다. 영동대로 지하화 사업이 완료되면 영동대로와 삼성역 일대는 하루 60만 명 이상이 이용하는 수도권 광역교통 환승 공간이자 대중교통의 허브로 자리 잡을 것으로 전망된다.

2. 잠실 스포츠·마이스(MICE) 복합공간 조성 사업

잠실 스포츠, 마이스(MICE) 복합공간 조성 사업에는 2조 원 이상이 투자된다. 약 36만㎡ 부지에는 전시·컨벤션(전용면적 12만㎡ 내외), 야구장(3.5만 석 내외), 스포츠콤플렉스(1.1만 석 내외), 수영장(2급 공인 이상, 관람석 3천 석 이상), 수상 레저시설, 900실 내외의 호텔, 문화·상업시설, 업무시설 등이 들어선다.

사업비 3,120억 원이 투입되는 잠실주경기장 리모델링 사업도 2025년 완공을 목표로 진행 중이다. 잠실주경기장은 리모델링을 통해 랜드마크로 변신하고, 보조경기장은 관중석 확충 등 현대화를 통해 활용성이 더욱 확대될 예정이다. 또한 올림픽 홍보관, 아

▶ 잠실 스포츠·마이스(MICE) 복합공간 조성 사업 조감도

시아 최고 수준의 스포츠 전문 스트리트 조성 및 유스호스텔 신축 등이 이뤄진다.

3. 수서역세권 개발

다음으로 관심을 가져야 할 개발 사업은 수서역세권 개발이다. 수서역세권 개발 사업은 총 38만m²가 넘는 수서역 일대를 업무·상업·주거 기능이 집약된 교통의 요충지이자, 문화·체육시설 등 편의시설이 확충된 서울 동남권 핵심 거점으로 조성하는 사업이다. SRT 역사는 수요에 맞게 증축되고, 13층 규모의 신세계백화점, 868실 규모의 호텔 3개 동, 25층 규모의 오피스텔 2개 동, 오

▶ 수서역세권 개발 조감도

　　　　　　　　　　　　우리, 아파트 딱 100채만 보러 가보자

피스 건물 3개 동, 공연장, 의료시설, 컨벤션, 복합 커뮤니티센터, 도서관 등이 들어온다. 또 서울에서 유일한 로봇산업 거점이 되어 새로운 비즈니스 모델을 만드는 신산업의 허브가 될 전망이다. 6만 7천m²가 넘는 부지에는 신혼부부와 청년을 위한 2,507세대 규모의 아파트, 학교, 공원도 지어진다. 수서차량기지 이전에 따른 관련 용역도 진행 중이다.

4. 서울역 북부역세권 개발

네 번째로 서울역 북부역세권 개발에 주목해야 한다. 서울역 철도 유휴부지에 대규모 복합단지가 들어설 예정인데, 약 35만 m²에 달하는 면적 안에 최고 40층 높이의 업무시설, 호텔, 오피스텔 등 5개 건물이 조성된다. 특히 국제회의 수준의 전시장과 회의장을 갖춘 컨벤션이 강북권 최초로 들어선다. 컨벤션은 연면적 2만 4,403m² 이상 규모로 지어지며, 2천 명 이상 수용 가능한 대회의실 1개, 30인 이상 수용 가능한 중·소회의실 15개, 2천m² 규모의 전시실, 연회장 등을 갖춘 국제회의 수준의 시설로 조성된다. 서울시는 이 같은 내용의 서울역 북부역세권 개발 계획을 확정하고, 도시계획 변경 및 건축 인허가 등 본격적인 개발 절차에 착수해 2026년 준공을 목표로 추진 중이다.

▶ 서울역 북부역세권 개발 조감도

5. 동서울터미널 개발

다섯 번째는 동서울터미널 개발이다. 동서울터미널은 서울 동부 지역을 담당하는 종합터미널로 1987년에 문을 열었다. 이곳에서는 현재 134개 노선이 운영되고 있으며, 하루 평균 1,800대가량의 버스가 운행되어 터미널 중 운행량이 가장 많은 곳으로 알려져 있다. 하지만 시설 노후화, 터미널 용량 초과, 혼잡한 주변 교통환경 등 여러 문제가 끊이지 않고 있다. 이러한 문제를 해결하고자 33만 578m² 동서울터미널 일대를 40층 규모의 터미널, 호텔, 업무시설, 관광·문화시설이 결합된 복합상업시설로 개발한다. 이를 위해 신세계그룹은 2019년 7월 한진중공업과 함께 신세계동

▶ 동서울터미널 개발 조감도

서울PFV를 설립했고, 동서울터미널 부지를 4,025억 원에 매입했다. 신세계프라퍼티의 유통 개발 이력을 고려할 때 스타필드가 들어설 가능성이 높을 것으로 예상된다.

흥미로운 점은 2019년 신세계가 동서울터미널 부지를 매입할 당시만 해도 3.3m²당 인수가격은 3,618만 원이었는데, 약 2년이 지난 2021년에는 3.3m²당 가치가 최소 1억 원 이상인 것으로 알려져 있다. 강변북로에 인접해 있고 터미널을 품고 있는 최적의 입지 프리미엄을 고려하면 3.3m²당 1억 2천만 원 이상도 가능하다는 분석도 있다.

6. 광운대역세권 개발

여섯 번째는 광운대역세권 개발이다. 1호선 광운대역 주변 14만 8,166m² 부지에 최고 49층짜리 복합건물 랜드마크를 비롯해 2,694세대 규모의 주상복합 아파트 단지, 다목적 체육시설, 도서관 등이 조성되는 동북권 최대 규모의 개발 사업이다. 부지는 3개 용도(상업·업무용지, 복합용지, 공공용지)로 개발된다. 먼저 상업·업무용지엔 호텔, 업무시설, 판매시설 등을 갖춘 최고 49층 높이의 랜드마크 건물이 들어설 계획이다. 복합용지에는 총 11개 동 2,694세대 규모의 주상복합 아파트 단지가 조성된다. 저층에는

▶ 광운대역세권 개발 조감도

우리, 아파트 딱 100채만 보러 가보자

공유 오피스와 상가 등이 들어선다. 공공용지에는 공공기여금 약 2,670억 원을 활용해 편의시설과 320세대 공공주택을 조성한다. 도서관, 창업지원센터, 주민센터 등이 확충되어 편의를 높일 것으로 기대된다. 추가로 그동안 철도·물류부지로 단절되었던 광운대역과 월계동을 연결해주는 '동-서 연결도로'를 신설하고, 2개 육교도 조성해 접근성을 높인다. 또한 석계역에서 온 시민들이 물류단지로 접근할 수 있도록 입체보행로를 조성할 계획이다.

변화하는 정책에 적응하라

전 세계적인 자산 가치의 상승이라는 거대한 흐름 앞에, 부동산 규제를 통한 수요 억제의 영향력이 힘을 발휘하기란 쉽지 않을 것으로 보인다.

도쿄올림픽 여자 배구를 이끈 스테파노 라바리니 감독은 매 순간 상대팀의 공격과 수비에 따라 다양한 작전을 사용했다고 한다. 상대팀의 어떤 선수가 서브를 넣느냐에 따라 맞춤형 작전을 실시간으로 펼쳤고, 공격을 하는 찰나에도 상대편 수비수의 위치에 따라 최적의 작전을 지시했다. 빠르게 변화하는 상대팀의 경기 운용 방식에 시시각각 대응한 덕분에 대한민국 여자 배구팀은 기대 이상의 성과를 거두게 된다.

아파트 투자도 마찬가지다. 부동산 규제는 언제든지 나올 수

우리, 아파트 딱 100채만 보러 가보자

있다. 부동산 정책의 방향성을 읽고 얼마나 적절하게 대응하느냐에 따라서 투자 결과는 달라진다. 특히 규제책이 나오게 된 보이지 않는 배경을 파악할 수 있는 통찰력이 필요하다.

2017년 이후 강력해진 부동산 규제는 그 끝이 어디인지를 모를 정도다. 세 부담 상한률과 공시가격이 인상되었고, 주택담보대출이 대폭으로 축소되거나 금지되었다. 장기보유특별공제율이 축소되고, 종합부동산세율은 최고 6%까지 인상되었다. 다주택자의 양도소득세율은 기본 세율에 최대 30%p까지 추가로 부과되며, 다주택자와 법인의 취득세는 최고 12%에 달한다. 주택임대사업은 폐지 수순을 밟고 있으며, 급기야 실수요자들의 전세자금대출까지도 중단되었다.

하지만 계속 그래왔던 것은 아니다. 2008년부터 2016년까지만 살펴봐도 지금과는 전혀 다른 분위기였다. 1주택자 장기보유특별공제율이 80%까지 확대되었으며, 양도세율도 인하되었다. 1주택자에게는 양도세 비과세를 위한 2년 거주 요건도 폐지되었다. 양도세 비과세 기준이 9억 원으로 상향되었고, 임대사업자의 거주주택에 대한 양도세 비과세도 적용되었다. 또한 재건축 안전 진단 기준 완화 및 이들의 용적률을 300%까지 허용하기도 했다. 취득세율도 인하되었고, LTV 및 DTI가 70%까지 적용되었다.

시장 상황은
계속 변한다

시장 상황은 계속 변한다. 국내외적 요인에 따라 부동산 규제는 강화되기도 하고 완화되기도 한다. 이러한 규제는 언제든지 나올 수 있고, 그럴 것이라고 충분히 예상해야 한다. 불안에 사로잡히면 눈앞에 찾아온 기회가 보일 리 없다. 정신을 똑바로 차리고 자본주의의 본질을 잊지 않는다면 어둠 속에서도 기회를 발견할 수 있다.

앞으로의 부동산 시장을 예측하는 데 있어서 한 가지 주목할 만한 현상이 있다. 현재 전 세계적으로 양적완화 정책이 수년간 이어지고 있다. 특히 각국의 정부와 중앙은행은 코로나19 확산으로 둔화한 경기를 살리기 위해 전례 없는 유동성 공급을 이어가고 있다. 블룸버그 통화공급지수에 따르면 2020년 상반기 기준 전 세계 통화량은 86조 달러를 넘었다고 한다. 한화로는 약 10경 3,200조 원이 넘는 돈이다. 미국과 유럽 등 선진국들이 막대한 돈을 풀기 시작하면서 글로벌 금융위기 직전인 2008년 6월 말의 2배가 되었다.

글로벌 자금 시장에 통화량이 무한대로 공급되면 돈의 가치는

우리, 아파트 딱 100채만 보러 가보자

자연스럽게 떨어지게 되고, 투자자들은 화폐보다는 현물을 보유해 자산의 가치를 지키게 된다. 그 결과 코로나19 등 여러 위기로 실물경제가 주저앉았음에도 자산의 가격은 상승하는 유례없는 상황이 발생하고 있는 것이다. 미국 나스닥 종합지수, S&P500, 다우존스지수도 사상 최고치를 경신했다. 일본 닛케이지수도 2020년 11월에 30년 만의 최고치를 기록했으며, 국내 코스피지수도 최근 최고치를 갱신했다.

해답은
실물자산에 있다

전 세계 부동산의 가치도 크게 올랐다. 〈파이낸셜 타임즈〉에 의하면 2020년 7월부터 2021년 6월까지 1년 동안 전 세계 55개국의 평균 집값은 9.2% 올랐다. 전년과 비교하면 2배 이상 높은 수치다. 미국, 호주, 뉴질랜드, 터키, 캐나다 등의 명목주택가격 상승률은 16% 이상에 달한다. 특히 선진국의 집값 상승률은 개발도상국에 비해 2배 이상 높았다. 다음은 전 세계 부동산 급등 현상에 대한 〈매일경제〉 기사다.

전 세계 집값 연간 상승률

(단위: %)

2005년 1분기   2009년 1분기   2021년 1분기

자료: 나이트프랭크

시드 부샨 골드만삭스 이코노미스트는 "저금리와 재택근무 확대가 주택 수요를 부추기고 있어 미국, 캐나다, 영국, 뉴질랜드 주택 시장이 불타고 있다"고 말했다. 각국이 코로나19 팬데믹에 대응하기 위해 완화된 통화정책을 채택하면서 미국, 독일, 영국 등의 모기지 금리가 역사적으로 낮은 수준인 데다 재택근무 확대로 주택 수요가 급증한 것이 집값 상승을 부추기고 있다고 〈파이낸셜 타임즈〉는 설명했다.

당분간은 이러한 막대한 유동성이 실물자산을 계속해서 상승시키는 상황이 이어질 것으로 보인다. 특히 부동산은 가치가 매우

우리, 아파트 딱 100채만 보러 가보자

큰 실물자산이다. 유동성으로 인한 가치 상승의 효과가 가장 빠르고, 가장 크게 나타날 수밖에 없다. 이미 강남 아파트 평당 1억 원 시대가 도래했다. 문제는 평당 1억 5천만 원, 평당 2억 원 시대가 얼마나 빠르게 올 것인가 하는 부분이다. 중산층이 줄어들고, 계층 간 자산의 격차가 한순간에 벌어지는 일이 발생할 것이다.

유동성으로 인한 인플레이션에 대처하는 유일한 방법은 가치가 큰 실물자산을 소유하는 것임을 잊지 말자. 전 세계적인 자산 가치의 상승이라는 거대한 흐름 앞에, 부동산 규제를 통한 수요 억제의 영향력이 힘을 발휘하기란 쉽지 않을 것으로 보인다.

4장 핵심요약

- 소위 악재라고 여겨지는 기피시설이 외곽으로 이전되거나 대규모로 개발되면 인근 아파트의 입지는 재평가를 받게 된다.

- 연식이 좀 오래되고, 세대수가 더 적고, 아파트 브랜드가 다소 떨어지더라도 2등 아파트는 언제나 1등 아파트의 시세를 따라간다. 오히려 수익률만 놓고 보면 더 좋은 선택이 될 수도 있다.

- 뒤늦게 빛을 본 미분양 아파트의 공통점은 부동산 시황이 좋지 않을 때 분양을 했다는 점이다.

- 신축 아파트는 높은 시세 상승률을 기록하며 많은 인기를 얻고 있다. 더 나은 환경에서 살고 싶은 기본적인 욕구로 인해 신축 아파트의 인기는 계속될 것으로 보인다.

우리, 아파트 딱 100채만 보러 가보자

- 시간이 지날수록 인건비도 오르고 자재 가격도 오를 것이기에, 아파트 분양가 역시 당연히 오른다고 보는 것이 합리적이다. 따라서 신축 아파트 공급이 지속적으로 이뤄지는 지역이라면 초기에 분양된 아파트에 관심을 갖는 것이 유리하다.

- 실현 가능성이 높은 대형 개발 사업에 주의를 기울여야 한다. 규모가 클수록 아파트 시세에 긍정적인 영향을 미칠 것이기 때문이다.

- 규제는 언제든지 나올 수 있고, 그럴 것이라고 충분히 예상해야 한다. 불안에 사로잡히면 눈앞에 찾아온 기회가 보일 리 없다. 정신을 똑바로 차리고 자본주의의 본질을 잊지 않는다면 어둠 속에서도 기회를 발견할 수 있다.

종문

올바른 투자로
시간을 되찾자

우리는 자본주의라는 체제 아래에서 자본가 혹은 노동자가 되어 경제생활을 영위하고 있습니다. 통계청 자료에 따르면 2021년 9월 기준 15세 이상 인구 1,777만 7천 명 가운데 취업자의 수는 1,338만 7천 명에 달합니다. 즉 75.3%가 자본가가 아닌 노동자의 길을 선택한 것입니다. 하지만 월급을 모으는 것만으로는 꿈을 이룰 수 없습니다. 실물자산 투자야말로 인플레이션에 대처할 수 있는 가장 현명한 방법이기 때문입니다.

투자에는 올바른 기준이 필요합니다. 스스로 투자 가치를 판단할 수 있어야 합니다. 다행히 아파트 투자의 경우 객관적인 입지분석을 통해 투자 가치를 판단할 수 있습니다. 이 책에서 소개

한 입지 요소를 실제 현장에서 직접 적용해보고 검증해보기 바랍니다. '심리'가 아니라 아파트의 '미래 가치'에 투자하기 바랍니다. 부동산은 소유할 때 그 가치가 더욱 빛나게 된다는 것을 기억하기 바랍니다.

투자의 궁극적인 목표는 시간을 되찾는 것이 되어야 합니다. 노동자로서 보낼 수밖에 없었던 과거의 시간을 회복하기 위해서라도 투자를 해야 합니다. 월급과 바꿔야만 했던 여러분의 꿈을 지금부터라도 이 책을 통해 실현하게 되기를 바랍니다. 이 책이 나침반의 역할을 할 것입니다.

부족한 저에게 훌륭한 기회를 준 원앤원북스 출판사에 감사의 인사를 드립니다. 뛰어난 기획력으로 이 책이 나오기까지 많은 수고를 해주신 편집팀과 불철주야 홍보에 힘써준 마케팅팀에게도 깊은 감사를 전하고 싶습니다.

우리, 아파트 딱 100채만 보러 가보자

'심리'가 아니라

아파트의 '미래 가치'에

투자하기 바랍니다.

아파트명 찾아보기

우리, 아파트 딱 100채만 보러 가보자

우리, 아파트 딱 100채만 보러 가보자

우리, 아파트 딱 100채만 보러 가보자

우리,
아파트
딱 100채만
보러 가보자

초판 1쇄 발행 2022년 1월 10일
초판 3쇄 발행 2022년 3월 7일

지은이 아이리
펴낸곳 원앤원북스
펴낸이 오운영
경영총괄 박종명
편집 이광민 최윤정 김형욱 김상화
디자인 윤지애 이영재
마케팅 문준영 이지은
등록번호 제2018-000146호(2018년 1월 23일)
주소 04091 서울시 마포구 토정로 222 한국출판콘텐츠센터 319호 (신수동)
전화 (02)719-7735 | **팩스** (02)719-7736
이메일 onobooks2018@naver.com | **블로그** blog.naver.com/onobooks2018
값 17,000원
ISBN 979-11-7043-276-0 03320